Monika Thevis

IM BERUF *Neu*

Fachwortschatztrainer Reinigung

Deutsch als Fremd- und Zweitsprache

Hueber Verlag

Fachliche Beratung: Stephan Kemp, Gebäudereinigermeister, Bonn

🔊 Zu den so gekennzeichneten Übungen und zum Lernwortschatz gibt es Audiodateien, die Sie über die AR-App für Smartphone und Tablet abrufen können. Die App erhalten Sie kostenlos bei Google Play oder im AppStore.

Die Lösungen zu den Aufgaben in diesem Trainer finden Sie unter *www.hueber.de/im-beruf-neu*.

3. 2. 1. | Die letzten Ziffern bezeichnen
2023 22 21 20 19 | Zahl und Jahr des Drucks.

Alle Drucke dieser Auflage können, da unverändert, nebeneinander benutzt werden.

1. Auflage

Umschlaggestaltung: Sieveking · Agentur für Kommunikation, München
Layout und Satz: Sieveking · Agentur für Kommunikation, München
Verlagsredaktion: Ingo Heyse, Thomas Stark, Hueber Verlag, München
Druck und Bindung: Firmengruppe APPL, aprinta druck GmbH, Wemding
Printed in Germany
ISBN 978-3-19-371190-8

Art. 530_25385_001_01

Inhalt

Anhang

Vorwort

Mehr als 680 Vokabeln aus dem Fachwortschatz Reinigung wurden für diesen Trainer thematisch in 30 Wortfelder gruppiert. Je eine Doppelseite zu jedem Wortfeld bietet abwechslungsreiche Übungen und eine Liste des Lernwortschatzes mit Linien zum Eintragen der eigenen Übersetzung.

Die ersten zehn Wortfelder haben wir zum besseren Kennenlernen der Übungstypen konsequent mit Beispiellösungen versehen. In den Wortfeldern 11 bis 30 haben nur noch unbekannte Übungstypen solche Beispiellösungen.

Übungen auf der Grundlage eines Hörtextes sind durch ein Lautsprechersymbol besonders gekennzeichnet. Diese Hörtexte und die Vertonung des Lernwortschatzes sind über die AR-App zu diesem Buch abrufbar. Sie können die App *Im Beruf Neu* bei Google Play oder im AppStore kostenlos herunterladen. Unter *www.hueber.de/im-beruf-neu* finden Sie eine Datei mit den Lösungen zum kostenlosen Herunterladen.

Zum schnellen Auffinden einzelner Wörter dient das Wörterverzeichnis im Anhang ab Seite 66.

Viel Spaß und Erfolg mit unserem Fachwortschatz-Trainer Reinigung
wünschen Ihnen
die Autorin und der Verlag

Einige Tipps für's Wörterlernen

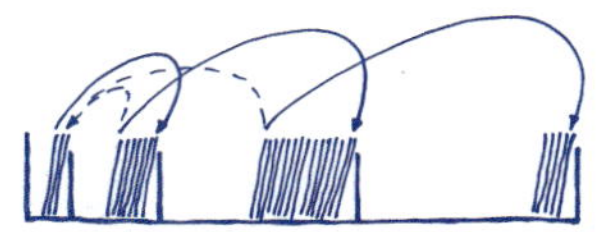

Karteikarten
Schreiben Sie die Wörter, die Sie lernen möchten, zusammen mit einem Beispielsatz auf Karteikarten. Notieren Sie auf die Rückseite die Übersetzung. Besorgen Sie sich einen Karteikasten. Neue Kärtchen kommen ins erste Fach. Wenn Sie ein Wort können, wandert es ein Fach nach hinten. Die Wörter in den hinteren Fächern werden ab und zu kontrolliert. Beherrschen Sie eine Vokabel bei der Überprüfung nicht mehr, kommt sie wieder ins erste Fach. Das letzte Fach ist das Archiv. Aber auch diese Wörter sollten Sie gelegentlich überprüfen.

Wörternetze
Notieren Sie Wörter, die zusammengehören, in einem Wörternetz und sammeln Sie diese Netze. Wenn Sie ein neues Wort lernen, das dazu passt, ergänzen Sie Ihr Netz.

Wort-Bild-Karten
Schreiben Sie das Wort auf ein Kärtchen und kleben Sie auf ein anderes Kärtchen ein passendes Bild oder zeichnen Sie selbst. Mit einer Sammlung dieser Kartenpaare können Sie ein Memo-Spiel oder, wenn Sie ein Bild und ein nicht dazu passendes Wort zusammenkleben, Domino spielen. Das macht am meisten Spaß, wenn Sie mit mehreren zusammen spielen.

Diese Spiele funktionieren auch, wenn Sie Teile von zusammengesetzten Wörtern auf die Kärtchen schreiben.

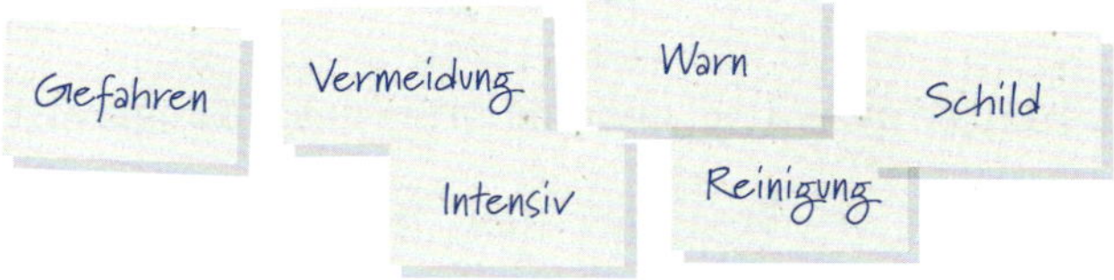

Schreiben
Schreiben Sie die Wörter öfter mal mit der Hand. Was man geschrieben hat, prägt sich besser ein, und mit der Hand funktioniert das besser als mit dem Computer.
Sie können zu den Wörtern auch Beispielsätze aus Ihrem Berufsalltag aufschreiben. Oder Sie schreiben Sätze, die den Begriff definieren.

Damit man keinen Staub aufwirbelt, wischt man staubbindend.

Bewegung
Auch Bewegung hilft beim Lernen. Legen Sie die Lernwortschatzliste in die Küche und decken Sie die deutsche Seite zu. Schauen Sie ein muttersprachliches Wort an, gehen Sie ins Wohnzimmer und notieren Sie dort das deutsche Wort usw., bis Sie die Liste abgearbeitet haben.

1 Gebäudereinigung

1 a Was wird gereinigt, was entfernt und welche Mittel braucht man? – Verbinden Sie. Einmal gibt es zwei Möglichkeiten.

1 Außen-	
2 Flecken-	
3 Putz-	
4 Reinigungs-	-reinigung
5 Fassaden-	-entfernung
6 Wasch-	-mittel
7 Innen-	
8 Graffiti-	
9 Teppich-	

b Ergänzen Sie die Komposita aus a.

1 Die Innenreinigung findet innerhalb eines Gebäudes statt.
2 Oberflächen und Textilien werden mit ………………… gereinigt.
3 Wenn ein Teppich stark verschmutzt ist, benötigt man eine professionelle ………………… .
4 Die Beseitigung von Flecken auf Teppichen oder Polstern nennt man ………………… .
5 Auch für die Reinigung von Metallen gibt es spezielle ………………… .
6 Für die Säuberung von Wäsche und Textilien benutzt man ………………… .
7 Eine Reinigung außerhalb eines Gebäudes ist die ………………… .
8 Die Säuberung einer Außenwand heißt ………………… .
9 Die ………………… ist eine Spezialreinigung von Außenfassaden.

2 Lösen Sie das Rätsel und finden Sie das Lösungswort.

bäu | be | de | ~~Des~~ | fach | ~~fek~~ | fer | Ge | ger | ger | ~~in~~ | kämp | ker | lings | ni | ni | ni | rei | rei | Schäd | schutz | Tech | Tex | til | tin | ~~tor~~ | Um | welt | wir

1 Für die Hygiene im Krankenhaus ist der D E S I N F E K T O R verantwortlich.
2 Die U _ _ _ _ _ _ _ _ U T _ _ _ _ H W I _ _ _ _ ist eine Spezialistin für Abfall, Entsorgung und umweltfreundliche Produkte.
3 _ _ _ _ U _ _ _ _ _ _ _ _ _ _ säubern Gebäude von innen und außen professionell.
4 Heute würde man den Rattenfänger von Hameln* als S C _ _ _ L I _ _ _ _ _ _ _ _ P _ E R bezeichnen.
5 _ _ C H _ _ _ _ _ setzen sich mit Reinigungs-, Hygiene- oder Textiltechnik auseinander.
6 Der T _ _ _ _ _ _ _ E I _ _ _ _ _ _ ist für die Reinigung von Textilien zuständig.

Lösungswort: _ _ _ _ _

* Kennen Sie die Legende „Der Rattenfänger von Hameln"? Sehr lesenswert!

3 a Ergänzen Sie. Denken Sie bei den Nomen auch an die Artikel.

Nomen	Adjektiv
der Schmutz	schmutzig
....	staubig
....	dreckig
der Kleber	....
der Fleck	....
....	verschmutzt

b Hören und ergänzen Sie.

Frau Wiertz? Ja, hallo, Charlie Engels hier. Hören Sie, bei der Innenreinigung hier ist doch mehr zu tun als erwartet. In anderthalb Stunden ist das allein unmöglich zu schaffen. In den Bücherregalen liegt der Staub [1] in Flocken. Unter den Blumentöpfen auf der Marmorfensterbank ist es ganz .... [2]. Die Polster der Couch sind .... [3] und unter dem Tisch hat sich viel .... [4] angesammelt. Die Holztischoberflächen sind richtig .... [5], da hat man schon lange nicht mehr sauber gemacht. Die Fenster sind auch wirklich übel .... [6]. Man kann kaum noch herausgucken ... Sie schicken noch jemanden her? Ja, das ist gut. Und bitte mit Reinigungsmitteln für Holz und Marmor. ... Ja, danke.

4 Welcher Beruf interessiert Sie am meisten und warum? Schreiben Sie.

Lernwortschatz

die Außenreinigung, -en ....
der Dreck (Sg.) ....
dreckig ....
der Desinfektor, -en / die Desinfektorin, -nen ....
die Fassadenreinigung, -en ....
die Fleckenentfernung, -en ....
fleckig ....
der Gebäudereiniger, – / die Gebäudereinigerin, -nen ....
die Graffitientfernung, -en ....
die Innenreinigung, -en ....
klebrig ....
das Putzmittel, – ....
das Reinigungsmittel, – ....
der Schädlingsbekämpfer, – / die Schädlingsbekämpferin, -nen ....
der Schmutz (Sg.) ....
schmutzig ....
der Staub (Sg.) ....
der Techniker, – / die Technikerin, -nen ....
die Teppichreinigung, -en ....
der Textilreiniger, – / die Textilreinigerin, -nen ....
der Umweltschutzfachwirt, -e / die Umweltschutzfachwirtin, -nen ....
die Verschmutzung, -en ....
das Waschmittel, – ....

2 Hintergründe zum Gebäudereiniger-Handwerk

1 Ergänzen Sie.

Aushilfe ~~Auszubildende~~ Auszubildende Auszubildende Auszubildender Geselle Gesellin Meister Meisterin

1 Sie/Er macht eine Ausbildung:
die Auszubildende / der ....

2 Sie/Er hat schon eine Ausbildung absolviert, als Gesellin/Geselle gearbeitet und dann eine Prüfung gemacht:
die .... / der ....

3 Sie/Er hat die Ausbildung absolviert:
die .... / der ....

4 Sie/Er hat keine Ausbildung und hilft:
die ....

Umgangssprachlich bezeichnet man eine Auszubildende oft als „Azubine“ und einen Auszubildenden als „Azubi“.

2 Verbinden Sie.

1 Berufe, bei denen Personen mit den Händen arbeiten und Werkzeuge oder Maschinen zu Hilfe nehmen — C
2 Gebäudereinigung ist kein Produkt, sondern eine
3 Bereitschaft zum Kauf von Produkten oder Dienstleistungen
4 regelmäßige, umfassende Reinigung
5 Das ist die Objektbetreuung. Man verwaltet und bewirtschaftet Gebäude und deren technische Anlagen.
6 umgangssprachlich für Personen in der Ausbildung
7 sehr vielen Menschen eine Beschäftigung bietend
8 Dienstleistungen wie Unterhaltsreinigung, Hausmeisterdienste, Sicherheitsdienste usw.

A Azubis
B beschäftigungsstark
C Handwerk
D Nachfrage
E Dienstleistung
F Infrastrukturelles Gebäudemanagement
G Facility Management
H Unterhaltsreinigung

3 Ergänzen Sie die Begriffe aus 2. Hören Sie dann und kontrollieren Sie.

Der Beruf des Gebäudereinigers ist seit 1934 ein offizielles Handwerk [1]. Früher ging es in dem Beruf vor allem um Glas- und Fassadenreinigung, aber dann wurde die .... [2] immer wichtiger. Auch andere .... [3] im .... [4] spielen heute eine größere Rolle. .... [5] können zufrieden sein, wenn sie sich für diesen Beruf entschieden haben, denn die Gebäudereinigung ist das .... [6] Handwerk in Deutschland. Die .... [7] ist enorm. Wenn man an die verschiedenen Dienstleistungen im .... [8] denkt, ist der Bereich sehr abwechslungsreich. Man wird also weder arbeitslos noch gelangweilt sein.

4 Beschriften Sie die Bilder mit Artikel.

Chemie | Ökologie | Ökonomie | ~~Recht~~

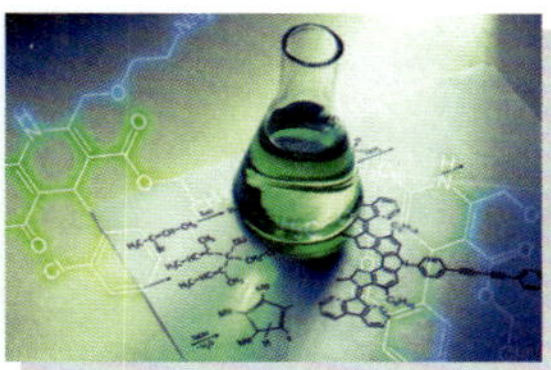

1 das Recht 2 .... 3 .... 4 ....

5 Was passt nicht? Streichen Sie das falsche Wort durch.

1 **das Verhalten:** sachlich – kundenorientiert – höflich – ~~beschäftigungsstark~~ – pünktlich
2 **der Werkstoff:** Glas – Holz – Textilien – Stein – Kunststoff – Küche
3 **die Stellung:** Kollege – Model – Meister – Geselle – Aushilfe – Aufraggeber

6 Welche Wörter haben eine ähnliche Bedeutung? Verbinden Sie.

1 Aushilfe — C
2 Plastik
3 Grundstoff
4 Umweltlehre
5 Wirtschaftssystem
6 Kunde
7 Facharbeiterin mit erstem Abschluss
8 Arbeitsschutz
9 jemand mit höherem Abschluss

A Ökonomie
B Ökologie
C Arbeiter/in ohne Abschluss
D Meister
E Auftraggeber
F Kunststoff
G Arbeitssicherheit
H Gesellin
I Werkstoff

7 Welchen Bereich der Gebäudereinigung finden Sie besonders spannend? Warum? Machen Sie Notizen.

Lernwortschatz

der Auftraggeber, –/die Auftraggeberin, -nen ....
der/die Auszubildende, -n ....
der/die Azubi, -s ....
die Aushilfe, -n ....
die Arbeitssicherheit (Sg.) ....
beschäftigungsstark ....
die Chemie (Sg.) ....
die Dienstleistung, -en ....
das Facility Management (Sg.) ....
das infrastrukturelle Gebäudemanagement, -s ....
der Geselle, -n/die Gesellin, -nen ....

das Handwerk, -e ....
kundenorientiert ....
der Kunststoff, -e ....
der Meister, –/die Meisterin, -nen ....
die Nachfrage, -n ....
die Ökologie (Sg.) ....
die Ökonomie (Sg.) ....
das Recht (Sg.) ....
die Unterhaltsreinigung, -en ....
der Werkstoff, -e ....

3 Gefahrstoffe und ihre Eigenschaften

1 a Bilden Sie Nomen mit „-ung".

1 einstufen *die Einstufung*
2 schädigen ....
3 verätzen ....
4 reizen ....
5 gefährden ....
6 mischen ....

b Ergänzen Sie Wörter aus a.

Für diverse Reinigungen werden spezielle Chemikalien benötigt, die man als gefährlich *einstuft* [1]. Der Kontakt zu Säuren und Alkalien (Laugen) kann eine .... [2] der Haut verursachen. Beispielsweise enthalten Desinfektionsreiniger Alkohol bzw. organische Peroxide und sind entzündlich. Die .... [3] der Gesundheit kann immens sein: Manche Mittel (z. B. Imprägniermittel) .... [4] die Atemwege oder sind toxisch, also giftig, und krebserregend. Andere .... [5] die Umwelt. Wenn man bestimmte Reinigungsmittel .... [6], können sie explosiv sein. Man bezeichnet diese Reinigungsmittel als Gefahrstoffe.

2 a Verbinden Sie.

1 Starke Säuren — D
2 Alkohol
3 Imprägniermittel
4 Mischungen

A entzündlich
B explosiv
C toxisch
D ätzend

b Ergänzen Sie Wörter aus a.

Stark saure oder stark alkalische Stoffe wirken *ätzend* [1]. .... [2] Stoffe muss man vor Hitze und offenem Feuer fern halten. Wenn sich unter Druck Gase entwickeln, können diese Stoffe auch .... [3] sein. Wenn verschiedene Reiniger gemischt werden, können .... [4] Dämpfe entstehen. In dieser Hinsicht sind auch .... [5] problematisch.

3 Lösen Sie das Rätsel mithilfe des Textes in 1b und finden Sie das Lösungswort.

1 Laugen bestehen aus *A L K A L I E N* und Wasser.
2 ☐☐☐☐☐☐☐☐☐☐ Peroxide sind entzündlich und explosiv.
3 Graffitientferner enthält gefährliche Chemikalien und ist damit ein ☐☐☐☐☐☐☐☐☐☐☐
4 Den ☐☐☐☐☐☐☐☐☐☐☐☐☐☐☐☐☐☐☐☐☐ verwendet man z. B. in Krankenhäusern oft.
5 Eine ☐☐☐☐☐ kann stark verätzend wirken.
6 Manche Glasreiniger ☐☐☐☐☐☐ die Atemwege.
7 Gefahrstoffe können z. B. die Umwelt schädigen und die ☐☐☐☐☐☐☐☐☐☐ gefährden.

Lösungswort: ☐☐☐☐☐☐☐

4 **Beschriften Sie die Gefahrensymbole.**

ätzend | entzündlich | ~~explosiv~~ | gesundheitsschädlich und reizend | gewässergefährdend und umweltschädlich | toxisch

1  2  3  4  5  6 

1 explosiv ....
2 ....
3 ....
....

4 ....
5 ....
6 ....
....

5 **Hören Sie und beantworten Sie die Fragen.**

1 Was findet man auf den Reinigungsmitteln außer den Gefahrensymbolen? – Signalwörter
2 Welche Worte warnen auf den Reinigungsmitteln? – ....
3 Welcher Warnhinweis drückt ein besonders starkes Risiko aus? – ....

6 **Welche Reinigungsmittel mit welchen Gefahrensymbolen finden Sie bei sich zu Hause? Erläutern Sie, worauf Sie bei der Benutzung achten müssen.**

Lernwortschatz

Achtung ....
Alkalien (Pl.) ....
der Desinfektionsreiniger, – ....
einstufen, hat eingestuft ....
die Einstufung, -en ....
entzündlich ....
explosiv ....
die Gefahr, -en ....
gefährden, hat gefährdet ....
die Gefährdung, -en ....
der Gefahrstoff, -e ....
die Gesundheit (Sg.) ....
gesundheitsschädlich ....
gewässergefährdend ....
das Imprägniermittel, – ....
mischen, hat gemischt ....
Mischung, -en ....
das organische Peroxid, -e ....
reizen, hat gereizt ....
die Reizung, -en ....
reizend ....
die Säure, -n ....
schädigen, hat geschädigt ....
die Schädigung, -en ....
toxisch ....
umweltschädlich ....
verätzend ....
die Verätzung, -en ....

4 Schutzausrüstung

1 Verbinden Sie.

1 Arbeitssicherheit
2 Arbeitsstoffe
3 Arbeitsunfälle
4 Ätzwirkung
5 Gefahrstoffe
6 Gesundheitsschutz
7 Schutzmaßnahmen
8 Sicherheitsvorschriften
9 Sicherheitsschuhe
10 Persönliche Schutzausrüstung (PSA)

A Unglücksfälle während der Arbeitszeit
B Effekt von starken Säuren
C damit auf der Arbeit nichts passiert
D Arbeitsmaterial, das gefährlich ist
E Material, mit dem man arbeitet
F Bekleidung, die die Füße schützt
G Ungefährlichkeit der Arbeit
H Maßnahmen gegen gesundheitliche Gefahren
I Regeln, die die Sicherheit verbessern
J Equipment einer Person für die Sicherheit

2 a Hören Sie zuerst den Dialog zwischen Meister Charlie und Auszubildender Lotte und ergänzen Sie dann.

~~Arbeitssicherheit~~ | Arbeitsstoffe | Arbeitsunfälle | Ätzwirkung | Gesundheitsschutz | persönliche Schutzausrüstung | PSA | Sicherheitsvorschriften | Schutzhandschuhe | Schutzmaßnahmen

Charlie: Hast du in der Berufsschule schon etwas zu Arbeitssicherheit [1] und .... [2] gelernt?
Lotte: Ja, wir haben schon ein paar Gefahrstoffe kennengelernt. Graffitientferner zum Beispiel. Haben Sie die .... [3] für heute eingepackt?
Charlie: Also erst mal schlage ich vor, dass wir uns duzen. Und außerdem: die was?
Lotte: Die PSA, die .... [4].
Charlie: Natürlich. Wir brauchen gleich .... [5].
Lotte: Unsere Berufsschullehrerin hat erzählt, dass schlimme .... [6] passieren können, wenn man die .... [7] nicht beachtet.
Charlie: Ja, man muss immer die notwendigen .... [8] treffen. Ich hatte einen Unfall als Azubi. Da habe ich ein Eisspray mit .... [9] beim Entfernen von Kaugummi falsch gehalten und meinen Unterarm verätzt. Hier, siehst du?
Lotte: Ui, mit gefährlichen .... [10] muss man echt aufpassen.

b Beantworten Sie die Fragen.

1 Wonach fragt Charlie Lotte? Nach Arbeitssicherheit und Gesundheitsschutz.
2 Was ist Graffitientferner?
3 Was ist PSA?
4 Was brauchen Charlie und Lotte heute für ihre Arbeit?
5 Was kann bei der Arbeit als Gebäudereiniger passieren?
6 Was muss man beachten, damit keine Unfälle passieren?
7 Was muss man vor der Reinigung immer treffen?
8 Welche Art von Spray hat Charlie zur Kaugummientfernung benutzt?
9 Womit muss man wirklich immer aufpassen?

3 Schreiben Sie die Wörter richtig.

1 Wenn Reinigungs- und Pflegemittel als Gefahrstoffe eingestuft sind, müssen die dazugehörigen Sicherheitsdatenblätter [heitsdatenSicherblätter] zur Verfügung stehen.
2 Man kann immer .... [mationserialmatInfor] vom Hersteller anfordern.
3 Wenn Gefahrstoffe eingesetzt werden müssen, ist der Arbeitgeber verpflichtet, eine .... [teilungbeurGefährdungs] durchzuführen.
4 Für alle Gefahrstoffe müssen gut verständliche .... [anweisungensBetrieb] erstellt werden.

4 Persönliche Schutzausrüstung (PSA): Bilden Sie Komposita mit „Schutz-“ oder „-schutz“.

~~Atem~~ Gehör Haut Handschuhe Kleidung Gesicht Brille Ausrüstung Kopf Gesundheit Maßnahme

Schutz-	-schutz
....	Atemschutz
....	....
....	....
....	....
....	....
	....

5 Kennen Sie jemanden, dem schon einmal ein Arbeitsunfall passiert ist? Recherchieren Sie einen Fall und schreiben Sie.

Lernwortschatz

die Arbeitssicherheit (Sg.) ....
der Arbeitsstoff, -e ....
der Arbeitsunfall, ¨-e ....
der Atemschutz (Sg.) ....
die Ätzwirkung, -en ....
die Betriebsanweisung, -en ....
die Gefährdungsbeurteilung, -en ....
der Gehörschutz (Sg.) ....
der Gesichtsschutz (Sg.) ....
der Gesundheitsschutz (Sg.) ....
der Hautschutz (Sg.) ....
das Informationsmaterial, -ien ....
der Kopfschutz (Sg.) ....
die Schutzausrüstung, -en ....
persönliche Schutzausrüstung (PSA) ....
die Schutzbrille, -n ....
der Schutzhandschuh, -e ....
die Schutzmaßnahme, -n ....
der Sicherheitsschuh, -e ....
die Sicherheitsvorschrift, -en ....
die Schutzkleidung, -en ....
das Sicherheitsdatenblatt, ¨-er ....

5 Gefahrenvermeidung

1 a Beschriften Sie die Bilder. Arbeiten Sie mit dem Wörterbuch.

das Gerüst | ~~die Hubarbeitsbühne~~ | das Warnschild | die Leiter | die Absperrung | die Fassadenbefahranlage | elektrische Anlagen

1 die Hubarbeitsbühne ....

2 ....

3 ....

4 ....

5 ....

6 ....

7 ....

b Welche Verben finden Sie in den Nomen? Verbinden Sie.

1 Warnschild	A arbeiten
2 Hubarbeitsbühne	B befahren
3 Gefahrenvermeidung	C warnen
4 Fassadenbefahranlage	D absperren
5 Absperrung	E vermeiden

(1 – C verbunden)

2 Es sind immer vier Aussagen richtig. Kreuzen Sie an.

1 Wobei bestehen für Gebäudereiniger besondere Gefährdungen?
- a ☒ bei der Arbeit mit elektrischen Anlagen
- b ○ wenn sie Gefahrstoffe durch andere Stoffe ersetzen (Substitution)
- c ○ bei der Arbeit mit gefährlichen Arbeitsstoffen
- d ○ bei der Benutzung von z. B. Leitern und Gerüsten
- e ○ bei der Planung des Tagesablaufs
- f ○ bei der Benutzung von Fassadenbefahranlagen und Hubarbeitsbühnen

2 Was kann jeder Gebäudereiniger tun, um Gefahren zu vermeiden?
- a ○ Gefahrenhinweise und Sicherheitsratschläge beachten
- b ○ Absperrungen und Warnschilder aufstellen
- c ○ die Betriebsanweisung ignorieren
- d ○ ungefährliche Arbeitsstoffe durch Gefahrstoffe ersetzen
- e ○ die persönliche Schutzausrüstung tragen
- f ○ bei der Arbeit mit brennbarem Material nicht rauchen

3 Hören und ergänzen Sie.

Es kommt vor, dass für einen Gefahrstoff keine Substitution [1] möglich ist. Wenn Sie also mit Gefahrstoffen arbeiten müssen, ist es wichtig, die Gefahrenhinweise und ______ [2] zu beachten. Manchmal dürfen Sie nur kurze Zeit mit einem Gefahrstoff arbeiten. Dabei darf die ______ [3] des Gefahrstoffs einen bestimmten ______ [4] nicht überschreiten. Ansonsten wird es für die Arbeiter gefährlich. Diesen Wert bezeichnet man als Arbeitsplatzgrenzwert. Für dieses Wort gibt es eine Abkürzung: ______ [5].

4 a Ergänzen Sie.

1 lagern	die Lagerung	4 aufbewahren	______
2 ______	die Handhabung	5 verwechseln	______
3 ______	die Vermischung	6 ______	die Beschriftung

b Was ist das? Ergänzen Sie Wörter aus a.

1 Arbeitsstoffe an einem bestimmten Ort lassen: aufbewahren
2 Die Anwendung oder Bedienung eines Arbeitsstoffes: ______
3 Arbeitsstoffe richtig verpacken und an den richtigen Ort legen: ______
4 Der Mix aus verschiedenen Zutaten oder Flüssigkeiten: ______
5 Der Name und die Informationen, die z. B. auf einer Verpackung stehen: ______
6 Man hält einen Arbeitsstoff für einen anderen: ______

5 a Haben Sie schon einmal Reinigungsmittel miteinander verwechselt? Wie konnte das passieren? Machen Sie Notizen.

b Haben Sie einmal etwas falsch gelagert? Was war die Folge? Machen Sie Notizen.

Lernwortschatz

absperren, hat abgesperrt ______
die Absperrung, -en ______
die elektrische Anlage, -n ______
der Arbeitsplatzgrenzwert, -e (AGW) ______
aufbewahren, hat aufbewahrt ______
die Aufbewahrung, -en ______
befahren, hat befahren ______
beschriften, hat beschriftet ______
die Beschriftung, -en ______
die Fassadenbefahranlage, -n ______
die Gefahrenvermeidung, -en ______
das Gerüst, -e ______
handhaben, hat gehandhabt ______
die Handhabung, -en ______
die Hubarbeitsbühne, -n ______
die Konzentration, -en ______
lagern, hat gelagert ______
die Lagerung, -en ______
die Leiter, -n ______
der Messwert, -e ______
der Sicherheitsratschlag, ¨-e ______
die Substitution, -en ______
vermeiden, hat vermieden ______
das Warnschild, -er ______
verwechseln, hat verwechselt ______
die Verwechslung, -en ______

6 Reinigungsarten und -verfahren

1 Es gibt Reinigungsarten, die sich auf Oberflächen oder Objekte beziehen. Ergänzen Sie jeweils den ersten Teil der Komposita.

Fußboden ~~Glas~~ Jalousien Sanitär Krankenhaus Schwimmbad Teppich

1 Glas reinigung

2 .... reinigung

3 .... reinigung

4 .... reinigung

5 .... reinigung

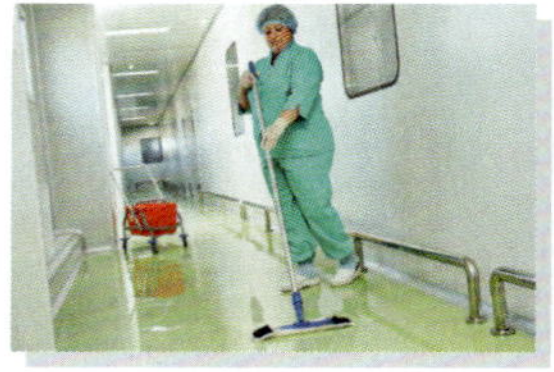

6 .... reinigung

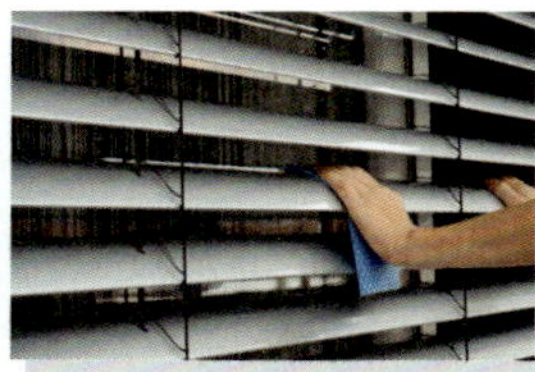

7 .... reinigung

2 Hören Sie und kreuzen Sie an. Finden Sie das Lösungswort.

1 Uta und Karl fahren zu einer ...
- I Unterhaltsreinigung.
- ~~B~~ Baufeinreinigung.
- R Grundreinigung.

2 Erstreinigung ist dasselbe wie ...
- S Einpflegen.
- E Bauschluss- oder Baufeinreinigung.
- K Sonder- oder Spezialreinigung.

Lösungswort: B

3 Einpflegen ist dasselbe wie ...
- S Grundpflege.
- D Intensivreinigung.
- C Sonderreinigung.

4 Grundreinigung ist dasselbe wie ...
- H Baufeinreinigung.
- E Intensivreinigung.
- A Einpflegen.

5 Bei der Grundpflege geht es um ...
- N Werterhaltung.
- F Sonderreinigung.
- U Kundengewinnung.

3 Lotte hat einen Text zu den Reinigungsarten geschrieben. Karl hat insgesamt fünf Fehler gefunden. Korrigieren Sie.

Nach einem Neu- oder Umbau wird die ~~Sonderreinigung~~[1] durchgeführt, um den Handwerkerschmutz zu entfernen. Durch die ~~Grundpflege~~[2] werden Flecken, andere Verschmutzungen und Rückstände beseitigt. Sie findet nach größeren Zeitintervallen statt. Die ~~Intensivreinigung~~[3] dient der Werterhaltung. Man trägt pflegende Substanzen auf die Oberflächen auf. Die Optik des Pflegefilms muss einheitlich sein und darf die Trittsicherheit nicht beeinträchtigen. Die ~~Baufeinreinigung~~[4] erfolgt in regelmäßigen Zeitabständen und fällt verschieden aus. Die ~~Unterhaltsreinigung~~[5] ist ein Einzelauftrag und beinhaltet einen speziellen Fall wie die Graffiti- oder Fleckenentfernung.

1 Baufein-/Bauschluss-/Erstreinigung

4 a Finden Sie noch sechs Reinigungsverfahren.

B	Y	E	K	E	H	R	E	N	C	R	H	E	C	Z	H	H	I	S
Ü	H	T	S	K	J	P	L	F	D	S	I	S	L	J	O	S	H	C
R	Q	S	I	R	T	P	I	D	G	Y	P	T	R	N	Y	H	P	L
S	H	O	C	S	S	C	H	E	U	E	R	S	A	U	G	E	N	E
T	L	X	D	M	N	I	K	K	A	J	X	D	N	D	F	P	Z	A
S	T	A	U	B	B	I	N	D	E	N	D	W	I	S	C	H	E	N
A	T	P	Z	K	Q	A	E	R	M	G	P	H	O	P	L	I	T	E
U	P	D	N	H	I	D	B	L	P	S	I	G	N	Y	E	T	L	R
G	E	N	A	S	S	W	I	S	C	H	E	N	W	M	A	E	X	N
E	S	L	J	J	M	V	K	U	M	E	P	Q	R	F	N	L	U	X
N	H	O	C	H	D	R	U	C	K	R	E	I	N	I	G	U	N	G

b Ergänzen Sie die Wörter aus a.

1 Mit einem Besen kann man kehren.
2 Statt zu kehren kann man auf glatten Böden auch ______ ______.
3 Zum ______ kann man z. B. einen Mopp benutzen.
4 Man sollte ______, um sehr klebrige Verschmutzungen maschinell auf wasserfestem Boden zu entfernen.
5 Um leichte Verschmutzungen und Staub zu entfernen, sollte man ______.
6 Man muss ______, um den Schutz des Bodens zu erhalten und den Pflegefilm zu erneuen.
7 Mithilfe der ______ kann man hartnäckigen Schmutz im Außenbereich entfernen.

5 Haben Sie ein „Lieblingsreinigungsverfahren"? Beschreiben Sie, was Sie dabei machen.

Lernwortschatz

der Besen, – ______
die Baufeinreinigung, -en ______
die Bauschlussreinigung, -en ______
bürstsaugen ______
cleanern, hat gecleanert ______
das Einpflegen (Sg.) ______
die Erstreinigung, -en ______
die Fußbodenreinigung, -en ______
die Glasreinigung, -en ______
die Grundpflege, -n ______
die Grundreinigung, -en ______
die Hochdruckreinigung, -en ______
die Intensivreinigung, -en ______
die Jalousienreinigung, -en ______
kehren, hat gekehrt ______
die Krankenhausreinigung, -en ______
nasswischen, hat nassgewischt ______
die Sanitärreinigung, -en ______
scheuersaugen ______
die Schwimmbadreinigung, -en ______
die Sonderreinigung, -en (Spezial-) ______
die Unterhaltspflege, -n ______
die Werterhaltung (Sg.) ______
staubbindend wischen, hat gewischt ______

7 Trittsicherheit

1 a Lotte und Karl üben für einen Test in der Berufsschule. Schreiben Sie die Wörter richtig. Hören Sie dann und kontrollieren Sie.

Lotte: Was ist eine Schmutzfangzone [1] [fangzoneSchmutz]?
Karl: Das weiß ich. Die bringt man z. B. am Eingang von Cafeterien oder Kaufhäusern an. Sie sollen den Schmutz von den Schuhen der Leute .... [2] [fangenab].
Lotte: Wie viele .... [3] [tteSchri]) sollen die Leute über so eine Zone gehen?
Karl: Sechs bis acht. So bringen die Leute 80 % weniger Schmutz hinein. Und so können sie im Gebäude nicht so leicht .... [4] [rutschenaus]. Jetzt frage ich dich: Was sollen Schmutzfangzonen genau können?
Lotte: Also, sie müssen Staub, Sand, Nässe, ... [5] [schmutzWinter] und .... [6] [gutStreu] aufnehmen können. Sie sollen gut aussehen, die .... [7] [flächeOber] muss simpel zu reinigen, trocken und .... [8] [sichertritt] sein.

b Beschriften Sie die Bilder mit Wörtern aus a (mit Artikel).

1 trittsicher .... 2 .... 3 .... 4 ....

2 a Lotte und Karl üben weiter. Hören und ergänzen Sie.

Karl: Welche Arten von Schmutzfangzonen kennst du?
Lotte: Puh … Äh … Gitterroste [1] [rosteGitter] … äh …
Karl: Ich helfe dir. Was wächst an Palmen und sollte dir besser nicht auf den Kopf fallen?
Lotte: Eine Kokosnuss. Ah, ... [2] [mattenKokos].
Karl: Woraus bestanden Schallplatten?
Lotte: Vinyl. Ah, ... [3] [schlingenVinylgewirr].
Karl: Und woraus bestehen Regenstiefel?
Lotte: Gummi. Ah, ... [4] [profileGummi].
Karl: Siehst du, es geht doch!

b Beschriften Sie die Bilder mit den Wörtern aus a.

1 das Vinylschlingengewirr 2 .... 3 .... 4 ....

3 Was macht Fußböden trittsicher, was macht sie rutschig? Sortieren Sie.

~~rutschhemmender Pflegefilm~~ | Eis und Schnee | Fette | Textilbeläge | profilierte Gummibeläge | Staub | Öle | PVC-Beläge mit Quarzeinstreuung | Obstreste | Nässe | staubbindend wischen | Vinylschlingengewirr

trittsicher	**rutschig**
rutschhemmender Pflegefilm	

4 Wie warnen Sie Ihre Kollegin oder Ihren Kollegen vor einem rutschigen Boden? Kreuzen Sie an und schreiben Sie das Lösungswort.

1 Pass auf! Hier ist es …
- I sauber.
- S trittsicher.
- G nass. [x]

2 Achtung! Der Belag ist …
- L fettig.
- U profiliert.
- F aus PVC.

3 Ich habe gerade einen … aufgetragen.
- H rutschhemmenden Pflegefilm
- A öligen Pflegefilm
- P trittsicheren Pflegefilm

4 Vorsicht! Da …
- E ist ein Textilbelag.
- T liegen Bananenschalen.
- U ist ein profilierter Gummibelag.

5 Bleib besser stehen! Der Boden ist …
- E aus Vinylschlingengewirr.
- K voller Sand.
- T voller Eis und Schnee.

Lösung: Vereiste Oberflächen sind G _ _ _ _.

5 Sind Sie schon einmal ausgerutscht? Wie und wo ist das passiert? Machen Sie Notizen.

Lernwortschatz

abfangen, hat abgefangen ……
ausrutschen, ist ausgerutscht ……
der Belag, ¨-e ……
der Gitterrost, -e ……
glatt ……
das Gummiprofil, -e ……
die Kokosmatte, -n ……
die Oberfläche, -n ……
der Pflegefilm, -e ……
profiliert (das Profil, -e) ……
das PVC ……
die Quarzeinstreuung, -en ……
rutschhemmend ……
die Schmutzfangzone, -en ……
das Streugut (Sg.) ……
trittsicher ……
das Vinylschlingengewirr (Sg.) ……
der Winterschmutz (Sg.) ……

8 Schmutz und Staub

1 a Lotte und Charlie wollen mit der Innenreinigung beginnen. Hören Sie zuerst und notieren Sie dann die Buchstaben.

A der Lack
B der Epoxidharzschleier
C Wollmäuse
D Flusen
E der Splitt

b Wie heißt das Gegenteil? Verbinden Sie.

1 lose	A grob
2 löslich	B haftend
3 fein	C weich
4 hart	D nicht löslich

2 a Was kann alles „etwas schaffen" bedeuten? Verbinden Sie.

1 auf die Kette	
2 auf die Reihe	rocken
3 die Party	
4 in den Griff	schaukeln
5 geregelt	
6 das Kind	kriegen/bekommen
7 gebacken	

b Sortieren Sie. Arbeiten Sie mit dem Wörterbuch.

~~etwas bewältigen~~ | etwas geregelt kriegen | etwas in den Griff bekommen | das Kind schaukeln | etwas schaffen | (die Party) rocken | etwas auf die Kette / Reihe bekommen | etwas hinbekommen | gelingen | glücken | etwas gebacken kriegen | funktionieren

standardsprachlich	**umgangssprachlich**
etwas bewältigen	

3 Hören Sie das Gespräch in 1 noch einmal und ergänzen Sie.

1 Straßenschmutz und Kaugummis zählen zu den haftenden Verschmutzungen.
2 Straßenschmutz und auch Getränkeflecken sind ……………………….

3 Lotte und Charlie müssen die Lacke und Kaugummis mit ________________ entfernen.
4 Epoxidharz ist ________________.
5 Splitt, Wollmäuse und Flusen sind ________________ aufliegender Schmutz.
6 Wollmäuse und Splitt nennt man ________________.
7 Flusen und Staub zählen zum ________________.

4 **Kreuzen Sie an und schreiben Sie das Lösungswort.**

1 Welche Art von Staub entsteht in der Backstube?
- U Holzstaub
- [X] O Mehlstaub
- A Blütenstaub

2 Welche Gefahr besteht z. B. bei Holz-, Mehl oder Zellulosestäuben?
- B Verätzgefahr
- P Explosionsgefahr
- K Überschwemmungsgefahr

3 Wie heißen generell krankheitserregende Stoffe?
- S krebserregende Stoffe
- H reizende Stoffe
- T Keime

4 Wofür kann Staub ein Transportmittel sein?
- I für reizende, krankheits- und krebserregende Stoffe
- E für Personen und Güter
- A für Briefe und Pakete

5 Welche Staubarten gibt es?
- G gesunde und ungesunde
- R ästhetische und unästhetische
- K mineralische und organische

Lösungswort: Die Entfernung von Schmutz ist nicht nur für die Werterhaltung und Hygiene, sondern auch für die O _ _ _ _ wichtig.

5 **Welche Arten von Schmutz oder Staub sammeln sich aus Ihrer Erfahrung schnell an? Lassen sie sich schnell entfernen? Beschreiben Sie.**

Lernwortschatz

das Epoxidharz, -e ________________
der Epoxidharzschleier, – ________________
der Feinschmutz (Sg.) ________________
die Fluse, -n ________________
der Grobschmutz (Sg.) ________________
haftend ↔ lose ________________
der Keim, -e ________________
der Lack, -e ________________
das Lösemittel, – ________________
löslich ________________
der Mehlstaub, ¨-e ________________
mineralisch ________________
organisch ________________

schaffen, hat geschafft ________________
auf die Kette/Reihe kriegen/bekommen (ugs.) ________________
____
die Party rocken (ugs.) ________________
das Kind schaukeln (ugs.) ________________
gebacken kriegen/bekommen (ugs.) ________________
geregelt kriegen/bekommen (ugs.) ________________
in den Griff kriegen/bekommen (ugs.) ________________
____
der Splitt (Sg.) ________________
die Wollmaus, ¨-e ________________
wasserlöslich ________________

9 Wasser

1 Schreiben Sie die Wörter richtig. Hören Sie dann und kontrollieren Sie.

Frau Krämer: Wasser ist für alle Reinigungen notwendig, weil es die Inhaltsstoffe [1] [stoffeInhalts] von Reinigungs- und Pflegemitteln mit sich trägt. Wasser umspült und löst den Schmutz und transportiert ihn ab. Die ______ [2] [härteWasser] ist dabei entscheidend. Schaut euch das Bild an. Wisst ihr, warum Wasser Tropfen bildet?
Lotte: Das hängt mit der ______ [3] [spannungflächenOber] zusammen. Die ______ [4] [moleküleWasser] ziehen sich gegenseitig an und halten so zusammen. Das ist so, als ob wir uns im Kreis an den Händen festhalten und uns nach außen lehnen würden. Dann fallen wir nicht um. ______ [5] [kräfteKohäsions] sorgen für die Kugelform.

2 a Ergänzen Sie. Schlagen Sie neue Wörter im Wörterbuch nach.

~~Calciumsalze~~ | Kalkablagerungen | Kesselstein | Kalk | Wasserhärte

1 Je mehr Magnesium- und Calciumsalze im Wasser gelöst sind, desto härter ist es.
2 Bei der Reinigung spielt die ______ eine große Rolle.
Hartes Wasser hat im Gegensatz zu weichem viele Nachteile.
3 Auf den Oberflächen können nach der Reinigung ______ zurückbleiben.
4 Auch auf Textilien bleibt ______ zurück, der dann abstaubt.
5 In Töpfen oder Rohrleitungen kann sich schneller ______ bilden.

b Ergänzen Sie.

Indikatorpapier | Scheuersaugmaschine | entionisiert | Ionenaustauscher | ~~Lösemittel~~

1 Wasser ist das wichtigste polare Lösemittel. Auch Alkohole, Säuren und Laugen gehören zu den polaren Substanzen.
2 Um die Wasserhärte zu bestimmen, kann man z. B. einen Test mit ______ durchführen oder das Wasserversorgungsamt fragen.
3 Man kann Wasser weich machen, indem man es entmineralisiert oder ______, indem man die Calcium- und Magnesiumionen entfernt.
4 Die Wasserenthärtung funktioniert mit einer Umkehrosmoseanlage oder einem ______.
5 Für die Reinigung von Fußböden mit entmineralisiertem Wasser kann man die ______ benutzen.

3 Was passt nicht in die Reihe? Streichen Sie das falsche Wort durch.

1 **Wasser:** Oberflächenspannung – Wassermoleküle – ~~H_3O^+~~ – Kohäsionskräfte – polar
2 **Hartes Wasser:** Calciumsalze – Kalk – Regenwasser – Magnesiumsalze – Kesselstein – Staub
3 **Wasserenthärtung:** entmineralisieren – Ionenaustauscher – Umkehrosmoseanlage – weich – entionisieren – Osmoseanlage

4 Lösen Sie das Rätsel und finden Sie das Lösungswort.

1 W A S S E R H Ä R T E
2
3
4
5
6
7
8

1 Die ... gibt man mit *weich, mittel* oder *hart* an.
2 Wie Eiweiß, Fruchtsäfte, Säuren, Laugen usw. ist Wasser ein ... Lösemittel.
3 Calciumsalze und ... sind für die Wasserhärte verantwortlich.
4 Auf den Oberflächen bleiben ... zurück, wenn man mit hartem Wasser reinigt.
5 Mit Wasser, das ... oder entionisiert ist, kann man wasserlösliche Verschmutzungen ohne Reinigungsmittel entfernen.
6 Das ... gibt Auskunft über die Wasserhärte.
7 Die Kugelform oder Tropfenbildung entsteht durch die ... der Wassermoleküle.
8 Durch einen Ionenaustauscher oder eine ... kann man Wasser enthärten.

Lösungswort: ☐☐☐☐☐☐☐☐

5 Woran erkennt man, ob man weiches oder hartes Wasser hat? Schreiben Sie.

Lernwortschatz

die Ablagerung, -en
das Calciumsalz, -e
entionisieren, hat entionisiert
entmineralisieren, hat entmineralisiert
das Indikatorpapier, -e
der Inhaltsstoff, -e
der Ionenaustauscher, –
der Kalk, -e
die Kalkablagerung, -en
der Kesselstein (Sg.)
Kohäsionskräfte (Pl.)
das Lösemittel, –
das Magnesiumsalz, -e
die Oberflächenspannung, -en
die Umkehrosmoseanlage, -n
die Wasserhärte, -n
das Wassermolekül,-e
das Wasserversorgungsamt, ¨-er

10 Reinigungsmittel und ihre Inhaltsstoffe

1 a Hören Sie und verbinden Sie.

1 saure
2 alkalische
3 Farb
4 Duft
5 Konservierungs
6 Oxidations
7 Reduktions
8 Abrasiv

Salze
-stoffe
-mittel

b Lotte und Karl recherchieren. Schreiben Sie richtig.

1 Tenside [siTende] sind Seifen und bestehen aus Fetten, Ölen und Alkalien. Sie pflegen und können Öl- und Fettschmutz emulgieren.
2 Der lateinische Name lautet potentia Hydrogenii, was Kraft und Wasserstoff bedeutet. Man sagt .... [HWert-p]. Durch ihn weiß man, wie aggressiv eine Lösung ist.
3 Komplexbildner oder .... [härEntter] sollen die Wasserhärte abwehren.
4 .... [zyEnme] sind Eiweißverbindungen. Man nennt sie auch Biokatalysatoren.
5 .... [feAbrastofsiv] bestehen aus Pulvern wie Poliermehlen und Schleifkörpern. Sie sollen die Schmutzentfernung erhöhen.

2 Welche Säuren gibt es zum Beispiel? Bilden Sie Komposita mit „-säure".

1 Salzsäure
2 ....
3 ....
4 ....
5 ....

6 ....

3 Schreiben Sie die Wörter richtig.

Zitronensäure setzt man unter anderem ein, um Urinstein [1] [steinrinU] in Toiletten oder Pissoirs zu eliminieren. Mit Milchsäure und Phosphorsäure kann man .... [2] [krusKalkten] und andere mineralische Verschmutzungen lösen, mit denen man bei der Sanitärgrundreinigung konfrontiert ist. Flusssäure ist ätzend und sehr giftig, wird aber noch für die .... [3] [entnungRostfer] eingesetzt. Weitere Säuren benötigt man, um .... [4] [mentschleiZeer] zu beseitigen und um .... [5] [blüAusgenhun] an Wänden zu entfernen.

4 **Ergänzen Sie.**

Alkalien | eliminieren | Enzyme | Farbstoffe | Konservierungsstoff | ~~pH-Wert~~ | Tenside

1 Ein möglichst hoher pH-Wert sorgt für die gute Schmutzentfernung. .... wie z. B. Soda beseitigen Ablagerungen und Verstopfungen. Sie entfernen Öle und Fette, wirken aber nicht kalklösend.
2 Glasreiniger enthalten oft Alkohole. Diese steigern die schmutzlösende Wirkung der .... und dienen gleichzeitig als ....
3 .... können chemische Strukturen spalten, die dann wesentlich leichter zu .... sind. In Waschmitteln und Maschinengeschirrspülmitteln sind für die verschiedenen Verschmutzungen unterschiedliche Enzyme im Einsatz.
4 Um den Reinigungsmitteln ein ansprechendes Aussehen zu geben, werden .... zugesetzt.

5 **Was passt nicht? Streichen Sie das falsche Wort durch.**

1 Saure Inhaltsstoffe sind in ...
Rostlösern – WC-Reinigern – Zementschleierentfernern – ~~Fettlösern~~ – Kalklösern
2 Schmutz muss man ...
eliminieren – entfernen – konfrontieren – beseitigen – lösen
3 Pflegend wirken Mittel wie ...
Wachse – Selbstglanzdispersionen – Öle – Abrasivstoffe – Wischpflege

6 a **Welche Reinigungsmittel oder Inhaltsstoffe lösen, eliminieren oder beseitigen was? Schreiben Sie mindestens drei Sätze.**

b **Mit welchen Säuren haben Sie schon gearbeitet und wozu haben Sie sie benutzt? Machen Sie Notizen.**

Lernwortschatz

der Abrasivstoff, -e ....
die Ameisensäure, -n ....
die Ausblühung, -en ....
beseitigen, hat beseitigt ....
der Duftstoff, -e ....
eliminieren, hat eleminiert ....
der Enthärter, – ....
das Enzym, -e ....
die Essigsäure, -n ....
der Farbstoff, -e ....
die Flusssäure, -n ....
die Kalkkruste, -n ....
der Konservierungsstoff, -e ....
lösen, hat gelöst ....
die Milchsäure, -n ....
das Oxidationsmittel, – ....
das Reduktionsmittel, – ....
die Rostentfernung, -en ....
das alkalische Salz, -e ....
das saure Salz, -e ....
die Salzsäure, -n ....
Tenside (Pl.) ....
der Urinstein (Sg.) ....
der pH-Wert, -e ....
die Zitronensäure, -n ....
der Zementschleier, – ....

11 Reinigungs- und Pflegemittel

1 a Hören Sie. Was brauchen Lotte und Charlie für die Fassadenreinigung? Beschriften Sie die Bilder.

PH 12

PH 2

1 ....

2 ....

3 ....

4 ....

b Welche alkalischen Reinigungsmittel findet Lotte? Schreiben Sie die Begriffe richtig.

1 .... [erreinigGrund]
2 .... [reiniKügerchen]
3 .... [reitionsnigerDesfekin]
4 .... [löFettser]
5 .... [nigerreiRohr]

2 Ergänzen Sie.

Allzweckreiniger | Cleaner | Möbelpolitur | Polymerdispersionen

1 Zur Versiegelung von Böden verwendet man .... Sie bilden eine strapazierfähige, elastische, glänzende oder matte Schutzschicht. Außerdem machen sie den Boden trittsicher.

2 .... hat zwei Aufgaben: Sie bewirkt, dass kleine Schäden kaum noch sichtbar sind, und sie schützt das Holz. Sie verhindert, dass sich Staub darauf festsetzen kann, und macht die Oberfläche resistenter gegen Feuchtigkeit.

3 Schon der Name sagt, dass mit .... nahezu jede Art von Schmutz entfernt werden kann. Er eignet sich für alle nass abwischbaren Oberflächen.

4 .... wird für die tägliche Unterhaltsreinigung verwendet. Er reinigt und pflegt gleichzeitig und ist für Reinigungsautomaten geeignet.

3 Was passt nicht zu den Pflegemitteln? Streichen Sie das falsche Wort durch.

1 **Polymere:** Kunststoff – Dispersion – Pflegekomponente – Trittsicherheit – Fett
2 **Wachse:** Bohnerwachs – Tenside – Bienenwachs – Möbelpflege – Korrosionsschutz
3 **Fette:** mineralisch – synthetisch – Rohrreiniger – pflanzlich – Schmiermittel

4 Ergänzen Sie Begriffe aus Aufgabe 3.

1 Pflegemittel mit Wachs dienen dem ....
2 Es gibt halbsynthetische, synthetische und natürliche Wachse wie ....
3 Künstliche oder unnatürliche Fette sind ....
4 Polymere sind ....
5 Wasserunlösliche Polymere können als .... benutzt werden.
6 Fette können pflanzlich, synthetisch oder .... sein.

7 Fette werden oft als ______ eingesetzt.
8 Holzböden pflegt man mit ______.
9 Inhaltsstoffe, die man aus Pflanzen gewinnt, sind ______.

5 **Von welchem Behandlungsmittel ist die Rede? Ergänzen Sie.**

1 Einen □□□□□□□□□□□□□□□□ kann man immer und fast überall gebrauchen.
2 Toiletten werden mit einem □□□□□□□□□□□□□□□□□□□□□□□□ saubergemacht.
3 Eine □□□□□□□□□□□□ verwendet man speziell für die Pflege von Möbeln.
4 Den □□□□□□□ nutzt man als Kombinationsprodukt für Reinigung und Pflege.
5 □□□□□□□□□□□□□□□□□□□ sind Pflegemittel, welche man für die Trittsicherheit anwendet.
6 Zum Saubermachen einer Außenmauer aus Naturstein braucht man einen □□□□□□□□□□□□□□□□□□□□.
7 Das □□□□□□□□□□□ wird z. B. auf einen Holzboden aufgetragen und dann mit einer Bürste oder einer entsprechenden Maschine poliert.

6 **Finden Sie in diesem Wortfeld fünf Synonyme für das Verb „benutzen“. Schreiben Sie jeweils einen Satz mit dem Verb.**

1 ______ 3 ______ 5 ______
2 ______ 4 ______

7 **Gibt es in Ihrem Ort eine Fassade, die Sie gerne reinigen würden? Welche wäre das und was bräuchte man für die Reinigung? Machen Sie Notizen.**

Lernwortschatz

der Allzweckreiniger, – ______
anwenden, hat angewendet ______
das Bienenwachs, -e ______
die Dispersion, -en ______
einsetzen, hat eingesetzt ______
der Einwascher, – ______
der Fettlöser, – ______
gebrauchen, hat gebraucht ______
der Grundreiniger, – ______
die Korrosion, -en ______
der Küchenreiniger, – ______
mineralisch ______
die Möbelpolitur, -en ______
das Bohnerwachs, -e ______
chlorhaltig ______
der Cleaner, – ______
nutzen ______
pflanzlich ______
die Polymerdispersion, -en ______
der Rohrreiniger, – ______
der Sanitärreiniger, – ______
Schmiermittel, – ______
der Steinfassadenreiniger, – ______
synthetisch ______
die Teleskopstange, -n ______
verwenden, hat verwendet ______

12 Bakterien & Co.

1 **Ergänzen Sie.**

Abwasserreinigung | Abbau | Bakterien | Krankheitserreger | Mikroorganismen | Pilze | Salmonellen | Schädlingsbekämpfung | Vergiftungen | Viren

....[1] sind mikroskopisch kleine Lebewesen. Sie sind überall zu finden. Dazu gehören die ....[2], die hochansteckende Krankheiten hervorrufen können, wie z. B. die ....[3], die auf Eiern und Geflügelfleisch vorkommen. Bakterien sind auch für die Zersetzung von Lebensmitteln verantwortlich, was ....[4] erzeugen kann. ....[5] können beispielsweise Grippe verursachen. Manche ....[6] lösen beim Menschen Infektionen der Haut und der Nägel aus, Hefepilze dagegen werden für die Herstellung von Lebensmitteln eingesetzt. Mikroorganismen sind also nicht nur ....[7], sondern können auch nützlich sein; sie bekämpfen Krankheiten und helfen beim ....[8] von Abfall. Bei der ....[9] bauen spezielle Bakterien zum Beispiel Stickstoff und Phosphor ab. Zudem setzt man Mikroorganismen bei der ....[10] ein.

2 **Kreuzen Sie an und finden Sie das Lösungswort.**

1 Salmonellen sind ...
- [A] Bakterien.
- [B] Pilze.
- [F] Viren.

2 Hefen sind ...
- [E] Bakterien.
- [U] Pilze.
- [Ü] Viren.

3 Grippe ist eine ...
- [R] bakterielle Infektion.
- [U] Pilzinfektion.
- [G] Virusinfektion.

4 ... bauen Stickstoff im Abwasser ab.
- [E] Bakterien
- [F] Pilze
- [G] Viren

Lösung: Mikroorganismen sind so klein, dass sie mit bloßem ☐☐☐☐ nicht erkennbar sind.

3 **Was passt nicht in die Reihen zum Thema Mikroorganismen? Streichen Sie das falsche Wort.**

1 **Arten:** Bakterien – Viren – Pilze – Grippe
2 **Schaden & Nutzen:** Lebensmittelherstellung – Infektionen – Abwasserreinigung – Hefen
3 **Krankheit:** Hautpilz – Grippe – Desinfektion – Vergiftung

4 **Bedeuten die Wörter einen Schaden (–) oder einen Nutzen (+)? Notieren Sie – oder**

Abbau von Abfall ◯ | Vergiftung ◯ | Abwasserreinigung ◯ | krankheitserregend ◯ | Schädlingsbekämpfung ◯ | Pilzinfektion ◯

5 a **Kreuzen Sie die fünf Synonyme von „bewirken" an. (Hilfe finden Sie in Übung 1.)**

1 ○ verursachen 2 ○ vorfinden 3 ○ auslösen
4 ○ hervorrufen 5 ○ abbauen 6 ○ fortbewegen
7 ○ verantwortlich sein für 8 ○ erzeugen

b **Schreiben Sie Sätze mit den richtigen Verben aus a.**

1 ....
2 ....
3 ....
4 ....
5 ....

6 **Ergänzen Sie.**

abbauen | lösen … aus | Bakterien | Bakterie | hervorrufen | Infektionen | krankheitserregend | -pilze | Pilze

1 Schimmel .... bilden Pilzfäden und Sporen und werden dadurch mit bloßem Auge als farbige, dunkle Flecken sichtbar. Sie kommen praktisch überall vor und manche .... Allergien ....
2 In und auf einem gesunden Menschen leben unzählige nützliche .... Andere können .... wirken und z. B. .... oder eine Blutvergiftung ....
3 Wissenschaftler haben eine .... entdeckt, die Kunststoff zu zwei ungefährlichen Stoffen .... kann. Bislang kannte man nur ...., die diese Eigenschaft haben.

7 **Welche Mikroorganismen sind Ihnen schon bekannt? In welchem Zusammenhang haben Sie von ihnen gehört oder gesprochen? Machen Sie Notizen.**

Lernwortschatz

der Abbau (Sg.) ....
der Abfall, ¨-e ....
die Abwasserreinigung (Sg.) ....
auslösen, hat ausgelöst ....
die Bakterie, -n ....
erzeugen, hat erzeugt ....
die Grippe, -n ....
hervorrufen, hat hervorgerufen ....
....
krankheitserregend ....
der Krankheitserreger, – ....

der Mikroorganismus, -organismen ....
....
der Pilz, -e ....
die Pilzinfektion, -en ....
das Protozoon, Protozoen ....
Salmonellen (Pl.) ....
die Schädlingsbekämpfung (Sg.) ....
verantwortlich sein für + Akk. ....
die Vergiftung, -en ....
verursachen, hat verursacht ....
der Virus, Viren ....

13 Hygienemaßnahmen

1 a Was gehört zusammen? Verbinden Sie.

1 bakterizid
2 fungizid
3 sporizid
4 virusinaktivierend
5 mikrobizid

A inaktiviert Bakteriensporen
B zerstört Viren
C antimikrobiell
D tötet Bakterien
E tötet Pilze

b Ergänzen Sie mit den Begriffen aus a in der passenden Form.

1 Um Keime abzutöten, braucht man Desinfektionsmittel. Diese müssen antimikrobielle oder ………… Wirkstoffe enthalten. Diese Wirkstoffe können z. B. Alkohole, Aldehyde und Phenole sein.
2 Um eine Ansteckung mit Scharlach oder Keuchhusten zu vermeiden, braucht man ………… Wirkstoffe.
3 Endosporen bekämpft man mit Wirkstoffen, die ………… sind.
4 Um in Arztpraxen eine Ansteckung mit z. B. Masern, Röteln oder Grippe zu verhindern, ist eine Desinfektion mit ………… Mitteln nötig.
5 Gegen die Verbreitung von Fußpilz in Bädern oder auf Teppichböden von Hotels setzt man ………… Wirkstoffe ein.

2 a Beschriften Sie die Bilder.

die Abklatschplatte | das Mikroskop | mikroskopieren | nachweisen | der Tupfer

1 …………
2 …………
3 …………
4 …………
5 …………

b Ergänzen Sie die Wörter aus a in der passenden Form.

1 Durch das ………… sind Bakterien und Pilze sichtbar.
2 Wenn man mit speziellen Geräten …………, kann man auch Viren erkennen.
3 Mithilfe der ATP-Messung kann man Bakterien ………… .
4 Dazu drückt man die ………… auf die Oberfläche, die man untersuchen möchte. Die Keime bleiben kleben.
5 Für den Abstrich braucht man einen sterilen ………… .

3 Ergänzen Sie.

Abklatsch | Abstrich | Aldehyde | Biguanidine | Sanitation | Sterilisation

1 Durch die ______ werden Keime zwar nicht vollständig abgetötet, aber Flächen werden vorbeugend desinfiziert und gereinigt.
2 Beim ______ drückt man eine Platte auf die Oberfläche, die man untersucht. Viren lassen sich so aber nicht nachweisen.
3 Für einen ______ braucht man einen Tupfer, um eine Probe aufzunehmen. Aber man findet auch mit dieser Methode keine Viren.
4 ______ sind geruchsarme chemische Verbindungen, die meist zur prophylaktischen Desinfektion eingesetzt werden.
5 Durch die ______ werden fast alle Bakterien, Sporen, Pilze und Viren inaktiviert.
6 ______ wirken gegen sehr viele Krankheitserreger. Meistens werden aus dieser Wirkstoffgruppe Glutaral, Glyoxal und Formaldehyd genutzt.

4 Was passt nicht? Streichen Sie durch.

1 **Nachweismethoden von Mikroorganismen:**
Abklatsch – ATP-Messung – Abbruch – Mikroskopieren – Abstrich
2 **Möglichkeiten für die Übertragung von Keimen:**
Tiere – Hygiene – Lebensmittel – Menschen – Gegenstände
3 **Hygienemaßnahmen:**
Flächendesinfektion – Sanitation – Sterilisation – Desinfektion – Kontamination
4 **Desinfektionswirkstoffe:**
Aldehyde – Eiweiße – Alkohole – Wasser – Biguanidine

5 Welche Hygienemaßnahmen sind in einem privaten Haushalt sinnvoll? Machen Sie Notizen.

Lernwortschatz

der Abklatsch, -e ______
die Abklatschplatte, -n ______
der Abstrich, -e ______
das/der Aldehyd, -e ______
bakterizid ______
das Biguanid, -e ______
fungizid ______
mikrobizid ______
das Mikroskop, -e ______

mikroskopieren, hat mikroskopiert ______
______
nachweisen, hat nachgewiesen ______
______
die Sanitation, -en ______
die Spore, -n ______
sporizid ______
die Sterilisation, -en ______
der Tupfer, – ______
virusinaktivierend ______

14 Personalhygiene

1 a Beschriften Sie die Teile der Hände.

Daumen | Finger | Fingerkuppe | Fingernagel | Handfläche | Handgelenk | Handrücken

1 ……… 2 ……… 3 ……… 4 ……… 5 ……… 6 ……… 7 ………

b Wie funktioniert eine hygienische Händedesinfektion? Ordnen Sie den Bildern die passenden Beschreibungen zu.

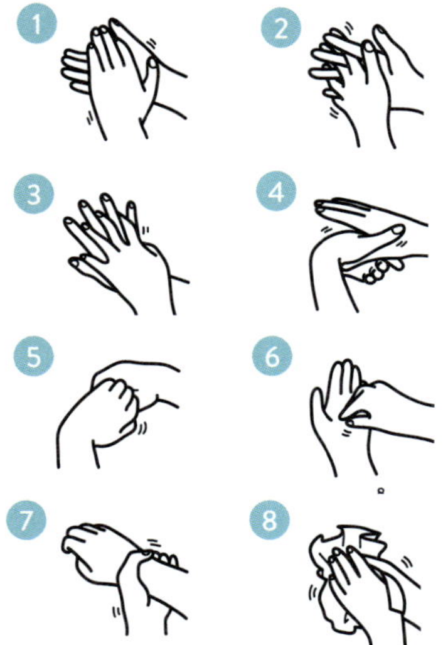

A Berücksichtigen Sie auch die Handgelenke.
B Legen Sie die linke Handfläche auf den rechten Handrücken und umgekehrt.
C Lassen Sie das Desinfektionsmittel mindestens 30 Sekunden einwirken und trocknen Sie dann die Hände ab.
D Verreiben Sie das Desinfektionsmittel mit beiden Handflächen.
E Reiben Sie die Fingerkuppen kreisend in der anderen Handfläche.
F Kreisen Sie mit der linken Hand um den rechten Daumen und umgekehrt.
G Legen Sie die Außenseite der Finger in die Handfläche der anderen Hand.
H Verschränken Sie beim Verteilen des Desinfektionsmittels die Finger.

2 Personalhygiene – Ergänzen Sie.

chirurgische | Einreibemethode | Händedesinfektion | kochfeste | Kontaminationsrisiko | unlackiert | Verhaltensweisen | Wirkung

1 Der Mensch selbst bedeutet ein großes ……………………………………… .
2 Persönliche ……………………………………… müssen deshalb unbedingt an Hygiene-Standards angepasst werden.
3 Die Fingernägel beispielsweise sollten ……………………………………… und kurz bleiben.
4 Bei der Arbeit sollte man ……………………………………… Dienstkleidung tragen.
5 Bei jeder möglichen Kontamination der Hände muss eine hygienische ……………………………………… durchgeführt werden.
6 In Krankenhäusern muss man die intensivere ……………………………………… Händedesinfektion durchführen.

7 Bei jeder Desinfektion muss man die Standard- ______________ beachten.
8 Die gewünschte ______________ erzielt man nur, wenn man alle Maßnahmen ernst nimmt.

3 Ergänzen Sie.

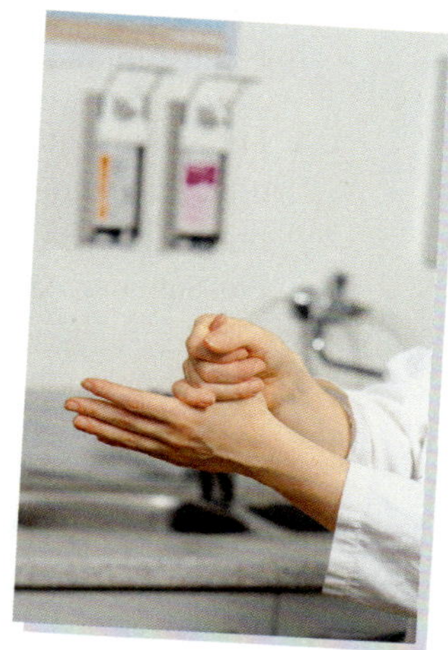

Nomen	Verben
	desinfizieren
	kontaminieren
Kreis	
Verschränkung	
	wirken
Berücksichtigung	
Einwirkung	

4 Hören und ergänzen Sie.

1 Alkohol ist der wichtigste ______________ bei der Händedesinfektion.
2 Bei der hygienischen Händedesinfektion beträgt die ______________ normalerweise 30 Sekunden.
3 Wenn die Hand Oberflächen berührt hat, die eventuell ______________ sind, sollte man die Hände prophylaktisch desinfizieren.
4 Um das Desinfektionsmittel gut zu verteilen, sollte man es kreisend ______________.
5 Es hängt vom Desinfektionsmittel ab, ob es 1,5 oder 5 Minuten ______________ soll.

5 Beschreiben Sie mit Ihren eigenen Worten, wie eine hygienische Händedesinfektion funktioniert.

Lernwortschatz

berücksichtigen, hat berücksichtigt ______________
der Daumen, – ______________
die Einwirkzeit, -en ______________
die Fingerkuppe, -n ______________
der Fingernagel, ¨ ______________
die hygienische Händedesinfektion ______________
die chirurgische Händedesinfektion ______________
die Handfläche, -n ______________
das Handgelenk, -e ______________
der Handrücken, – ______________
kochfest, die kochfeste Dienstkleidung, -en ______________
____

die Kontamination, -en ______________
das Kontaminationsrisiko, -risiken ______________
kontaminieren, hat kontaminiert ______________
kreisen, hat gekreist ______________
die Standard-Einreibemethode, -n ______________
unlackiert ______________
die Verhaltensweise, -n ______________
verreiben, hat verrieben ______________
verschränken, hat verschränkt ______________
wirken, hat gewirkt ______________
der Wirkstoff, -e ______________
die Wirkung, -en ______________

15 Maschinen und Leistungen

1 **Was kann man womit machen? Ergänzen Sie in der passenden Form.**

das Breitwischgerät | die Dreischeibenmaschine | die Einscheibenmaschine | die Kehrsaugmaschine | das Reinigungspad | die Walzenbürstmaschine

1 Mit Scheuermaschinen wie einer .... oder auch einer .... kann man beispielsweise große Flächen nassscheuern.
2 Für Scheuermaschinen braucht man Zubehör, wie zum Beispiel .... Es gibt verschiedene Pads, je nachdem, ob man polieren, cleanern oder schleifen möchte.
3 Losen Schmutz auf Straßen, in Hallen oder Bahnhöfen entfernt man mit einer .... Sie kehrt den Schmutz weg und saugt ihn ab, das nennt man auch kehrsaugen.
4 Anstelle eines Schrubbers nutzt man in der professionellen Gebäudereinigung das .... (auch Moppgestell genannt), um Böden nasszuwischen.
5 Wenn der Bodenbelag strukturiert ist, also zum Beispiel aus Waschbeton, Noppenbelag oder Steinteppich besteht, nimmt man Universalmaschinen mit Walzenbürsten, auch .... genannt. Sie können solche Böden kehren, saugen und trocken polieren.

2 **Suchen Sie in 1 die Verben und ergänzen Sie.**

1 die Walzenbürstmaschine: ...., ..., ...
2 die Einscheibenmaschine / die Dreischeibenmaschine: ....
3 die Kehrsaugmaschine: ...., ..., ...
4 das Reinigungspad: ...., ..., ...
5 das Breitwischgerät: ....

3 **Schreiben Sie die Begriffe richtig. Kreuzen Sie an und finden Sie das Lösungswort.**

1 Wie heißt eine Oberfläche mit Knoten aus Gummi oder Textilien?
- n .... [belagNoppen]
- r .... [teppichStein]
- m .... [betonWasch]

2 Wie heißen Extrateile, die zu einer Maschine oder einem Gerät gehören?
- e .... [opMp]
- a .... [behörZu]
- u .... [ilienText]

3 Wie heißt ein hartes, grau-meliertes Material mit Steinen an der Oberfläche?
- f .... [lagbepenNop]
- s .... [tonbeWasch]
- l .... [maschineUniversal]

4 Wie heißt ein großer Raum, in dem zum Beispiel Messen stattfinden?
- i .... [ulrF]
- m .... [zimmerWohn]
- s .... [allHe]

Lösungswort: ☐☐☐☐

4 a Welche Komposita hören Sie? Verbinden Sie.

1 Leistungs- -lage
2 Grund- -standard
3 Qualitäts- -verzeichnis

b Ergänzen Sie die Wörter aus a.

1 Die Basis oder ______________________ für eine gute Zusammenarbeit ist ein Leistungsverzeichnis, in dem geschrieben steht, was die Firma für den Kunden macht.
2 In einer Liste stehen alle Aufgaben der Gebäudereiniger. Der Kunde kann kann in diesem ______________________ nachlesen, was die Gebäudereiniger erledigen sollen.
3 Hier stehen auch die ______________________, welche die Gebäudereiniger beachten müssen. Gutachter kontrollieren sie regelmäßig.

5 Ergänzen Sie.

Kundenorientierung | Leistungsbeschreibung | Qualitätssicherung | Reinigungstextilien

1 ______________________ heißt, dass die Firma die Wünsche und Erwartungen der Kunden erfüllen möchte.
2 Mit ______________________ wischt und reinigt man.
3 Natürlich will man optimale Ergebnisse. Sachliche Kontrollen nach der Reinigung dienen der ______________________.
4 In der ______________________ kann man nachlesen, wie die Aufgaben erfüllt werden sollen.

6 Mit welcher Reinigungsmaschine arbeiten Sie am liebsten? Warum? Machen Sie Notizen.

Lernwortschatz

absaugen, hat abgesaugt ______________________
das Breitwischgerät, -e ______________________
die Dreischeibenmaschine, -n ______________________
die Einscheibenmaschine, -n ______________________
die Grundlage, -n ______________________
die Halle, -n ______________________
kehrsaugen, hat gekehrsaugt ______________________
die Kehrsaugmaschine, -n ______________________
die Kundenorientierung, -en ______________________
die Leistungsbeschreibung, -en ______________________
das Leistungsverzeichnis, -se ______________________
nassscheuern, hat nassgescheuert ______________________
der Noppenbelag, ¨-e ______________________
polieren, hat poliert ______________________
die Qualitätssicherung, -en ______________________
der Qualitätsstandard, -s ______________________
das Reinigungspad, -s ______________________
Reinigungstextilien (Pl.) ______________________
schleifen, hat geschliffen ______________________
der Steinteppich, -e ______________________
die Universalmaschine, -n ______________________
die Walzenbürstmaschine, -n ______________________
der Waschbeton, -s ______________________
wegkehren, hat weggekehrt ______________________
das Zubehör, -e ______________________

16 Leistungsermittlung

1 Beschriften Sie die Bilder.

der Abstellraum
das Bürogebäude
die Decke
die Griffspur
das Laub
die Spinnweben
die Zigarettenkippen

1 ....

2 ....

3 ....

4 ....

5 ....

6 ....

7 ....

2 Ergänzen Sie.

Abstellräume | Ausbildung | Bürogebäude | Decke | Griffspuren | Gummiabrieb | Grobschmutz | haftende Verschmutzungen | Laub | Spinnweben | Straßenschmutz | Zigarettenkippen

Lieber Mo,
toll, dass du dich auch für die ....[1] zum Gebäudereiniger interessierst. Es macht viel Spaß, aber es ist auch anstrengend: Gestern war Sonntag, aber ich musste trotzdem arbeiten. Uta und ich haben ein ....[2] gereinigt, inklusive Sanitärbereich und ....[3]. Der Eingangsbereich war voller ....[4]; das ist im Herbst normal, aber dass Angestellte hier ....[5] wegwerfen, finde ich nicht gut. Uta und ich haben mit einer Leiter die ....[6] oben von der ....[7] entfernt. Als wir mit dem ....[8] fertig waren, haben wir uns um ....[9] gekümmert. Das sind zum Beispiel ....[10] an den Türen, ...[11] durch Gegenstände oder ....[12] von den Schuhen. Der Feierabend war danach toll. Lotte hat mich abgeholt und eine Currywurst spendiert.
Schreib bald zurück.
Viele Grüße
Karl

3 Verschmutzungen im „sichtbaren Bereich" (s) oder im „versteckten Bereich" (v)? Ergänzen Sie.

1 Wollmäuse unter der Couch: ....
2 Zigarettenkippen im Eingangsbereich: ....
3 Spinnweben an der Decke: ....
4 Staub auf dem Schrank: ....
5 Rotweinfleck (mitten) auf dem Teppich: ....

4 a **Frau Krämer bespricht mit ihrer Klasse Flächenberechnung. Was passt nicht in die Reihe? Streichen Sie einen Begriff durch.**

1 **Aufmaß:** Regeln – Berechnung – Richtlinien – Leistung – Desinfektion
2 **Hilfsmittel bei der Aufmaßermittlung:** Messrad – Gliedermaßstab – Schere – Lasermessgerät
3 **Flächen:** Länge – Zubehör – abgewickelt – Maß – Quadratmeter

b **Flächenberechnung – Ergänzen Sie Begriffe aus a.**

1 Die Größe von Flächen ermittelt man durch das ________.
2 Es gibt klare ________ vom Bundesinnungsverband für Vergabe und Abrechnung.
3 Flächen werden in der Einheit ________ (m²) ermittelt.
4 Fassadenflächen werden nach ________ und Höhe bemessen.
5 Man muss die Flächen immer ________ berechnen (auch Treppen).
6 Für die Aufmaßermittlung braucht man Lasermessgeräte, einen ________, ein Ultraschallgerät oder ein Messrad.

5 **Finden Sie die Komposita und notieren Sie mit Artikel.**

1 Aufmaß	fläche	________
2 Ultraschall	ermittlung	________
3 Mess	gegenstand	________
4 Fassaden	rad	________
5 Längen	gerät	________
6 Einrichtungs	maß	________

6 **Schreiben Sie einer Freundin oder einem Freund und erzählen Sie von Ihrer Ausbildung.**

Lernwortschatz

der Abstellraum, -̈e ________
abwickeln, hat abgewickelt ________
das Aufmaß, -e ________
die Aufmaßermittlung, -en ________
der sichtbare Bereich, -e ________
der versteckte Bereich, -e ________
das Bürogebäude, – ________
die Decke, -n ________
der Einrichtungsgegenstand, -̈e ________
die Fassadenfläche, -n ________
der Gliedermaßstab, -̈e ________
die Griffspur, -en ________
der Grobschmutz (Sg.) ________

der Gummiabrieb, -e ________
die Länge, -n ________
das Längenmaß, -e ________
das Laub (Sg.) ________
das Messrad, -̈er ________
der Quadratmeter, – (m²) ________
die Richtlinie, -n ________
Spinnweben (Pl.) ________
der Straßenschmutz (Sg.) ________
das Ultraschallgerät, -e ________
die haftende Verschmutzung, -en ________
die Zigarettenkippe, -n ________
der Zollstock, -̈e ________

17 Dosierung und Fehldosierung

1 a Kreuzen Sie die gängigen und geeigneten neun Systeme für die richtige Dosierung von Pflege- und Reinigungsmitteln an.

1 ◯ Tabletten
2 ◯ Kanister- und Flaschenschraubkappen
3 ◯ Streudose
4 ◯ Dosierflaschen
5 ◯ Kaffeetassen
6 ◯ Messbecher
7 ◯ Dosierpumpen
8 ◯ Sprühflaschen
9 ◯ Augenmaß
10 ◯ Mischanlagen
11 ◯ Spritzer- und Schussmethode
12 ◯ Onboard-Dosiersysteme
13 ◯ Portionsbeutel
14 ◯ Fingerspitzengefühl

b Ergänzen Sie Dosierungssysteme aus a in der passenden Form.

1 Bei der Dosierung mit .... besteht ein Gesundheitsrisiko, da die Flüssigkeiten mit der Haut in Berührung kommen können. Außerdem sind Lagerung und Leergutbeseitigung kritisch zu sehen.

2 Die Dosierung und Mischung durch eine zentrale .... sind zwar nicht personalabhängig und damit ist das korrekte Mischungsverhältnis leicht zu bewerkstelligen, aber sie muss zuerst installiert werden.

3 Einen .... kann man immer benutzen. Aber man kann beim Abmessen der Anwendungskonzentration Fehler machen. Bei Überdosierungen können Objekte beschädigt und Abwasser kann verschmutzt werden.

4 Mit .... kommt es nicht so schnell zu Fehldosierungen. Die Anzahl muss nur an die Wassermenge angepasst werden, damit das Mischungsverhältnis stimmt. Die Auflösung dauert allerdings eine Weile.

5 Viele Vorteile bringen .... , die in Wasser löslich sind, da sie keinen Müll produzieren und kein Hautkontakt mit dem Reinigungsmittel entsteht.

6 .... und Tücher, welche man beispielsweise für die „16-Seiten-Tuchfaltmethode“ benötigt, sparen Zeit und sorgen für eine bestmögliche Hygiene. Man sollte aber nicht zu oft sprühen und die Substanz nicht verschwenden.

7 Bei einer .... ist Hautkontakt leicht zu vermeiden. Man muss aber darauf achten, dass es nicht zur Unterdosierung kommt. Die Leergutbeseitigung und Lagerung sind hier aufwendig.

8 .... mit einer integrierten Dosierkammer sind praktisch, weil man die Mengen exakt bestimmen kann, aber sie verursachen Leergut.

9 In Scheuersaugmaschinen ist oft ein .... integriert. Die Maschine dosiert automatisch. Sie ist leicht zu bedienen und unabhängig von der Wassermenge.

2 Warum ist die richtige Dosierung so wichtig? Hören Sie und notieren Sie mindestens fünf Sätze.

....

....

....

....

....

....

....

3 Was ist korrekt? Kreuzen Sie an und finden Sie das Lösungswort.

1 Bei einer Unterdosierung kommt es leicht ...
- F zur Geldverschwendung.
- L zu mangelndem Reinigungserfolg.
- R zur Abwasserverschmutzung.

2 Um exakt zu dosieren, braucht man die richtige ...
- i Anwendungskonzentration.
- ü Tablette.
- ö Scheuersaugmaschine.

3 Wenn man Lösemittel und z. B. Shampoo vermischen muss, braucht man das richtige ...
- p Dosiersystem.
- t Mischungsverhältnis vom Hersteller.
- k Fehldosierung.

4 Wenn man Tabletten benutzt, kommt es zu ...
- e einer längeren Auflösungszeit.
- ä einer längeren Unfallgefahr.
- i einem längeren Unfallrisiko.

5 Eine Überdosierung kann schnell ... führen.
- l zu einem Hautkontakt
- f zum Reinigungserfolg
- r zu einer Objektbeschädigung

Lösungswort: ☐☐☐☐☐

4 Haben Sie schon einmal etwas falsch dosiert? Was ist passiert? Machen Sie Notizen.

Lernwortschatz

die Abwasserverschmutzung, -en ....

die Anwendungskonzentration, -en ....

die Auflösungszeit, -en ....

dosieren, hat dosiert ....

die Dosierflasche, -n ....

die Dosierpumpe, -n ....

die Dosierung, -en ....

die Fehldosierung, -en ....

das Gesundheitsrisiko, -risiken ....

die Kanisterschraubkappe, -n ....

die Menge, -n ....

der Messbecher, – ....

die Mischanlage, -n ....

das Mischungsverhältnis, -se ....

das Onboard-Dosiersystem, -e ....

der Portionsbeutel, – ....

die Sprühflasche, -n ....

die Überdosierung, -en ↔ die Unterdosierung, -en ....

die Unfallgefahr, -en ....

verschwenden, hat verschwendet ....

18 Behandlung von Oberflächen

1 a Hören Sie und schreiben Sie dann richtig.

1 Grüne Eimer, ... [freiekratz] Schwämme und Reinigungstücher benutzt man für die .... [stattungausKüchen] und Pflegebereiche.
2 Rote .... [utensilienReinigungs] sind für Urinale und Toiletten bestimmt.
3 Für die sanitäre Einrichtung, wie .... [beckenWasch], Spiegel und Armaturen nimmt man gelbe Utensilien.
4 Die Farbe blau ist für .... [flächenNutzungs] gedacht.
5 Bei allen Farben und Oberflächen muss man die .... [wechselmethodeTuch] beachten.

b Beschriften Sie die Bilder. Denken Sie auch an die Artikel.

Armatur | Reinigungstuch | Schwamm | Urinal | Waschbecken

1 .... 2 .... 3 ....
4 .... 5 ....

2 Welche Erklärung passt? Verbinden Sie.

1 irisieren
2 rosten
3 ausblühen
4 verseifen
5 verätzen
6 schimmeln

A wenn z. B. alte Lebensmittel einen Pilzbelag bekommen
B wenn Säure etwas beschädigt
C wenn auf einer Oberfläche Salzrückstände zu sehen sind
D wenn Eisen oder Stahl rot-bräunlich wird
E wenn etwas in Regenbogenfarben erscheint
F wenn Alkalien (Laugen) die Farbe von etwas verändern

3 Ergänzen Sie.

ausblühen | Glanz verlieren | irisieren | rosten | schimmeln | verätzen | verseifen

1 Alkalien schädigen Werkstoffe, die Öl enthalten: Linoleum und Lack .... durch Alkalien. Man sollte die Stelle schnell mit einer Säure neutralisieren. Wenn sich die Farbe des Belags jedoch schon verändert hat, ist es zu spät.
2 Weiche und poröse Oberflächen wie Naturstein oder Leder können .... Das heißt, helle Salzrückstände (Salzreste) von Schnee oder Streugut werden sichtbar. Auf Textilien sind das Schweißränder.
3 Säuren .... Werkstoffe wie unedles Metall oder Kalkstein. Mit Sanitärreinigern muss man also vorsichtig sein. Sie können auch Sanitärarmaturen beschädigen.
4 Gummi und Lack können durch UV-Licht ihren .... Auch Chemikalien können das verursachen. In diesem Fall helfen Poliermittel.

5 Fassaden aus anodisch oxidiertem Aluminium muss man immer wieder abrasiv reinigen und konservieren, damit sie nicht .... Für die Regenbogenfarben sorgt das Wetter.

6 Seife und Fett kombiniert mit Feuchtigkeit führen dazu, dass Tapeten, Wände und Fugen .... Wenn man Badezimmer z. B. nicht genug lüftet, findet man rasch Schimmelpilz. Duschen sollte man abwechselnd sauer und alkalisch reinigen.

7 Eisen .... durch die Reaktion mit dem Sauerstoff in der Luft. Das nennt man Oxidation. Diese Art der Korrosion kann man durch eine Legierung aus Chrom-Nickel-Stahl vermeiden.

4 Ergänzen Sie den korrekten Werkstoff mithilfe von 3.

1 A.............................. kann durch klimatische Einflüsse irisieren.
2 T.................... schimmeln, wenn man beispielsweise nicht ausreichend lüftet.
3 Fußbodenbeläge aus L.......................... verseifen durch Alkalien.
4 K.......................... wird durch Säuren verätzt.
5 E............. ohne Schutzüberzug rostet.
6 Durch UV-Licht kann bei G................ ein Glanzverlust auftreten.
7 Ausblühungen entstehen durch Salzrückstände auf Textilien und unter anderem auf N.............................. .

5 Haben Sie schon einmal Oberflächen durch Reinigungsmittel beschädigt? Was ist passiert? Konnten Sie den Schaden beheben? Machen Sie Notizen.

Lernwortschatz

ausblühen, hat ausgeblüht ....
das Aluminium (Sg.) ....
die Armatur, -en ....
das Eisen, – ....
der Glanz (Sg.) ....
das Gummi, -s ....
irisieren, hat irisiert ....
der Kalkstein, -e ....
kratzfrei ....
die Küchenausstattung, -en ....
das Linoleum (Sg.) ....
der Naturstein, -e ....
die Nutzungsfläche, -n ....
das Reinigungstuch, ¨-er ....
das Reinigungsutensil, -ien ....
rosten, ist gerostet ....
schimmeln, ist geschimmelt ....
der Schwamm, ¨-e ....
die Tapete, -n ....
die Tuchwechselmethode, -n ....
das Urinal, -e ....
verätzen, hat verätzt ....
verseifen, hat verseift ....
das Waschbecken, – ....

19 Werkstoffe

1 Ergänzen Sie in der passenden Form.

Edelmetall | geölt | Halbedelmetall | nichtporös | pflanzlich | Thermoplaste | vollsynthetisch

1 Gold und Platin gehören zu den ...., während Silber und Kupfer zu den .... zählen.
2 Man kann Kunststoffe unter anderem nach den physikalischen Eigenschaften einteilen. .... werden durch Wärme weich und formbar.
3 Wenn Hölzer lackiert, gewachst oder .... sind, darf man sie nicht mit Alkalien behandeln, da die Oberflächen durch die Vermischung von Lauge und Öl verseifen.
4 Es gibt Betonwerk-, Naturwerk- und Kunststeine. Für Außenflächen eignen sich harte und .... Natur- und Betonwerksteine, weil sie nicht so empfindlich auf die Witterung reagieren.
5 Textilien können aus Natur- oder Chemiefasern bestehen. Baumwolle, Kokos und Hanf sind ...., während Polyacryl z. B. .... ist.

2 Ergänzen Sie.

elastisch | empfindlich | einheimisch | exotisch | starr | undicht | (wasser)dicht | widerstandsfähig

1 Bei Gummi handelt es sich um einen .... Werkstoff im Gegensatz zu Blei, das .... ist.
2 Das Holz der Eiche, des Nussbaums sowie der Kiefer ist .... im Gegensatz zu Mahagoni-, Pock- und Ebenholz. Bei diesen handelt es sich um .... Hölzer.
3 Kalkstein ist gegenüber sauren Reinigern und der Witterung ...., während der Naturstein Basalt sehr .... ist.
4 Steinzeugplatten sind vollkommen ...., während Klinker etwas .... ist.

3 Beschriften Sie die Bilder.

Steinzeugplatten (Kunststein) | das Mahagoniholz | der Basalt (Naturstein) | das Eichenholz | das Blei (unedles Metall) | das Silber (Halbedelmetall)

1 ....
....

2 ....
....

3 ....
....

4 ______________
____

5 ______________
____

6 ______________
____

4 Hören Sie und ergänzen Sie die Zahlen.

Glas besteht …

1 aus Quarzsand (____ bis ____ Prozent),
2 aus Soda (Alkalien) (____ bis ____ Prozent)
3 und aus Kalk und Metalloxid (____ bis ____ Prozent).

5 Ergänzen Sie.

Halbedelmetall | Kunststein | Naturstein | Thermoplasten

1 Beachten Sie bei der Reinigung von ______________, also z. B. Plexiglas, dass Sie keine Alkohole verwenden dürfen. Säurehaltige Reinigungsmittel sind kein Problem.
2 Fassaden oder Dächer aus dem ______________ Kupfer verlieren schnell ihren Glanz, werden aber nicht gereinigt. Die Patina schützt das Metall.
3 Bei der Reinigung des ______________ Marmor darf kein säurehaltiger Reiniger eingesetzt werden. Bei ______________, also Steinzeugplatten, reicht es oft aus, sie nur mit sauberem Wasser zu wischen.

6 Welche Werkstoffe kennen Sie? Können Sie diese Werkstoffe spezifizieren? Machen Sie Notizen.

Lernwortschatz

der Basalt, -e ______________
das Blei (Sg.) ______________
das Edelmetall, -e ______________
das Eichenholz, ¨-er ______________
einheimisch ______________
elastisch ______________
empfindlich ______________
exotisch ______________
geölt ______________
das Halbedelmetall, -e ______________
der Kunststein, -e ______________
das Mahagoniholz, ¨-er ______________
das unedle Metall, -e ______________
das Metalloxid, -e ______________
der Naturstein, -e ______________
pflanzlich ______________
porös / nichtporös ______________
der Quarzsand (Sg.) ______________
das Silber (Sg.) ______________
starr ______________
die Steinzeugplatte, -n ______________
(voll-/halb-)synthetisch ______________
der Thermoplast, -e ______________
(un)dicht ______________
wasserdicht ______________
widerstandsfähig ______________

20 Bodenbeläge in der Sporthalle

1 Was ist richtig? Hören Sie und kreuzen Sie an.

1 Wie soll der Boden in einer Sporthalle sein? (Drei Antworten sind richtig.)
- a ◯ rutschfest
- b ◯ glatt
- c ◯ staubig
- d ◯ griffig
- e ◯ glitschig
- f ◯ standfest

2 Warum kann der Sportboden glatt sein? (Drei Antworten sind richtig.)
- a ◯ Der Boden ist fußwarm.
- b ◯ Der Boden ist staubig.
- c ◯ Der Boden hat einen Gummibelag.
- d ◯ Der Boden wurde falsch gereinigt.
- e ◯ Der Boden wurde falsch gepflegt.
- f ◯ Der Boden ist weich.

3 Welche Werkstoffe kommen für einen Sportboden infrage? (Vier Antworten sind richtig.)
- a ◯ Linoleum
- b ◯ Steinteppich
- c ◯ PVC
- d ◯ Elastomer (Gummi)
- e ◯ Kalksandstein
- f ◯ Polyurethan

Büroklammertest
Mit einer Büroklammer und einem Feuerzeug können Sie feststellen, aus welchem nichttextilen Belag der Boden besteht. Wenn Sie den erhitzten Draht in den Boden drücken, können Sie z. B. anhand des Aussehens und Geruchs erkennen, um welchen elastischen Belag es sich handelt.

2 Ergänzen Sie Begriffe aus 1.

1 Eine Sporthalle, die jeden Tag genutzt wird, muss täglich gewischt werden, damit man einen sicheren Stand hat. Der Boden muss .... und darf nicht staubig sein. Das ist auch hygienischer, denn es fallen oft Schweißtropfen auf den Boden.

2 Beläge aus .... verseifen durch die Behandlung mit alkalischen und stark abrasiven Reinigungsmitteln. Man reinigt mit Allzweckreiniger. Mit Polymerdispersionen pflegt man nur, wenn der Belag nicht mit Hartwachs behandelt wurde!

3 Nach der Pflege oder Reinigung sollte man für Linoleum immer Wischpflegemittel benutzen, die filmbildend sind und die den Boden dadurch .... machen.

4 Den Werkstoff .... kann man mit Gummi vergleichen. Der Werkstoff ist gegenüber Säuren und alkalischen Lösemitteln empfindlich. Zur Pflege eignen sich die Wischpflege und das Cleanern.

5 Für Industrie- oder Sporthallenbeläge eignet sich der Kunststoff ...., der beständig gegen Alkalien ist. Das Material ist geruchsneutral und hydrophob.

6 Bei .... kommen alkalische Grundreiniger und abrasive Pads zum Einsatz. Wenn er frisch verlegt wurde, ist der Werkstoff geruchsbelästigend.

7 Man sollte PVC nie mit ölhaltigen Substanzen behandeln. Sonst wird er glatt oder ....

3 Ergänzen Sie die Adjektive in der passenden Form.

beständig | geruchsbelästigend | hydrophob | rutschfest | staubig

1 Wenn ein Hallenboden sehr ________ ist, kann man darauf leicht ausrutschen, er ist also nicht mehr ________.

2 Ein neu verlegter PVC-Boden ist ________. Das bedeutet, dass er unangenehm riecht.

3 ________ Bodenbeläge – wie z. B. Polyurethan – weisen Wasser ab. Dadurch sind sie leicht und schnell zu reinigen. Polyurethan eignet sich für stark beanspruchte Flächen, da das Material ________ ist.

4 Lösen Sie das Rätsel und finden Sie das Lösungswort.

1 Wischpflegemittel für Linoleum müssen ☐☐☐☐☐☐☐☐☐☐☐ sein.
2 Substanzen, die ☐☐☐☐☐☐☐☐ sind, hinterlassen auf PVC eine gefährliche Glätte.
3 Wenn etwas stinkt, dann ist es ☐☐☐☐☐☐☐☐☐☐☐☐☐☐☐☐☐☐.
4 Wenn etwas Wasser abweist, dann ist es ☐☐☐☐☐☐☐☐☐.
5 Mit dem ☐☐☐☐☐☐☐☐☐☐☐☐☐☐☐ kann man überprüfen, mit welchem elastischen Belag man es zu tun hat.
6 Man darf einen Linoleumbelag nicht mit einer Polymerdispersion pflegen, wenn er vorher mit ☐☐☐☐☐☐☐☐☐ behandelt wurde.
7 Wenn etwas widerstandsfähig oder strapazierbar ist, dann ist es ☐☐☐☐☐☐☐☐☐.
8 Wenn eine Substanz nach nichts riecht, ist sie ☐☐☐☐☐☐☐☐☐☐☐☐☐☐.

Lösungswort: ☐☐☐☐☐☐☐☐

5 Welche Fußbodenbeläge mit speziellen Anforderungen kennen Sie? Beschreiben Sie ein paar Beispiele.

Lernwortschatz

beständig ________
der Büroklammertest, -s ________
das Elastomer, -e ________
filmbildend ________
geruchsbelästigend ________
glatt ________
glitschig ________
geruchsneutral ________
das Hartwachs, -e ________
hydrophob ________
das Linoleum (Sg.) ________
ölhaltig ________
das Polyurethan, -e ________
rutschfest ________
standfest ________
staubig ________

21 Arbeit in der Höhe

1 Hören Sie zuerst das Radioquiz und schreiben Sie dann die Wörter richtig.

1 die ______ [seSpros]
2 der ______ [fußGummi]
3 die ______ [stelleKratz]
4 die ______ [leiterAnlege]
5 der ______ [klotzanlegeGummi]
6 die ______ [reinigerGlasleiter]

2 a Beschriften Sie die Bilder mit Artikel.

Anlegeleiter / Glasreinigerleiter
Gelenkmaststeiger
Fahrgerüst
stationäre Fassadenbefahranlage
Stehleiter
Teleskopmaststeiger
Scherensteiger

1 ______
2 ______
3 ______
4 ______
5 ______
6 ______
7 ______

b Ergänzen Sie die Wörter aus a in der passenden Form.

1 Für den sicheren Aufstieg auf ein ______ müssen die Rollen unten gut befestigt sein. Wenn man das Gerüst an eine andere Stelle fährt, darf sich niemand oben aufhalten. Rahmengerüste sind im Gegensatz dazu feststehend.
2 Moderne Fassaden verfügen sehr oft über Konstruktionen, an denen man ______ montieren kann. Hier lassen sich Fassadenreinigungsarbeiten problemlos vom Arbeitskorb aus tätigen.
3 Für die Reinigungen in der Höhe werden oft Hubarbeitsbühnen verwendet. Höhenangst ist hier fehl am Platze. Beim ______ befinden sich in der Mitte und am Ende des Mastes Gelenke.
4 Mit dem ______ fährt man möglichst nahe an die Fassade und dann senkrecht langsam in die Höhe.
5 Auch ______ werden oft eingesetzt. Manchmal werden sie mit einem Gelenkmast am oberen Ende vor der Arbeitsbühne kombiniert.
6 ______ sind freistehende Leitern, die von beiden Seiten begehbar sein können. Sie können auch fahrbar sein.
7 Der Name sagt es schon: ______ werden an die Wand angelegt. Sie haben am oberen Ende Klötze, damit die Fassade nicht beschädigt wird.

3 Was passt nicht in die Reihe? Streichen Sie das falsche Wort.

1 **ortsveränderlich:** Arbeitssitz – Arbeitskorb – Bootsmannstuhl – Arbeitsbühne – Sprosse
2 **Hubsteiger:** Fassadenbefahranlage – Scherensteiger – Gelenkmaststeiger – Teleskopmaststeiger
3 **Leitern:** Gummifuß – Arbeitskorb – Sprosse – Gummianlegeklotz – Holme
4 **Arbeitssicherheit:** Geländer – Sicherheitsgeschirr – Gummianlegeklotz – Haltegurt – Fangnetz

4 Lotte schreibt eine E-Mail an ihre Schwester. Schreiben Sie die Wörter richtig.

Liebe Maxi,
danke für deine E-Mail. Bei mir ist viel los. Morgen reinige ich eine Regenrinne in 60 Metern Höhe von einem ....[1] [korbbeitsAr] aus. Der hat zwar ein hohes ....[2] [derlänGe], aber da darf man keine ....[3] [angsthenHö] haben. Diese Woche werde ich zum ersten Mal im ....[4] [mannsBootstuhl] sitzen. Hier ist man natürlich mit einem ....[5] [gurtHalte] und einer Menge ....[6] [schirrgeheitscherSi] perfekt befestigt, damit man nicht abstürzt. Karl würde am liebsten mit einem ....[7] [netzFang] unten stehen, weil er sich Sorgen macht. Aber er muss ja selbst arbeiten. Ihm sind die ....[8] [meHol] einer Leiter von 8 Metern schon zu hoch. Ich liebe die Arbeit auf ....[9] [tenrüsGe], wie ....[10] [tenrüsgemenRah] und Fahrgerüsten. Ich klettere auch gern auf Leitern und mag ....[11] [chelideränverorts] Arbeitssitze. Am Ende der Woche schreibe ich dir, wie es war.
Liebe Grüße
Lotte

5 Hatten Sie schon einmal Höhenangst? In welcher Situation? Konnten Sie die Angst überwinden? Machen Sie Notizen.

Lernwortschatz

die Anlegeleiter, -n ....
der Arbeitskorb, ⸚e ....
der Bootsmannstuhl, ⸚e ....
das Fahrgerüst, -e ....
das Fangnetz, -e ....
die stationäre Fassadenbefahranlage, -n ....
das Geländer, – ....
der Gelenkmaststeiger, – ....
das Gerüst, -e ....
die Glasreinigerleiter, -n ....
der Gummianlegeklotz, ⸚e ....
der Gummifuß, ⸚e ....
der Haltegurt, -e ....
die Höhenangst, ⸚e ....
der Holm, -e ....
die Kratzstelle, -n ....
ortsveränderlich ....
das Rahmengerüst, -e ....
der Scherensteiger, – ....
das Sicherheitsgeschirr, -e ....
die Sprosse, -n ....
die Stehleiter, -n ....
der Teleskopmaststeiger, – ....

22 Helden der Gebäudereinigung

1 Bilden Sie die Nomen und notieren Sie mit Artikel.

ali gen In Na fek heit schaft port sie tion rung Ver wis Spe Trans tur schwie sen zi

1 naturwissenschaftlich ....
2 verschwiegen ....
3 sich spezialisieren ....
4 sich infizieren ....
5 transportieren ....

2 a Die Serie „Der Tatortreiniger" – Ergänzen Sie. Hören Sie dann und kotrollieren Sie.

Atemschutzmaske | Blutspuren | Infektionsschutz | Körperflüssigkeiten | spezialisiert | Tatortreiniger | Ungeziefer

Die deutsche Serie „Der .... 1" ist ein Mix aus Comedy und Krimi. Es geht um Heiko „Schotty" Schotte, der sich auf die Reinigung von Tatorten .... 2 hat. Manchmal kann er der Kriminalpolizei anhand von .... 3 wichtige Hinweise liefern. Wenn Schotty .... 4, z. B. Blut, Verwesungsrückstände und .... 5 beseitigt, muss er auf den .... 6 achten und Schutzkleidung und eine .... 7 tragen. Bei seiner Arbeit begegnet er skurrilen Menschen und wird in unmögliche Situationen verwickelt. Die Serie erhielt diverse Auszeichnungen.

Bjarne Mädel in „Der Tatortreiniger"

b Hören Sie den Filmtipp und ergänzen Sie.

Der Spielfilm „The Shape of Water – Das Flüstern des Wassers" spielt in den 60er-Jahren und ist ein Mix aus Märchen, Comic und Spionage-Thriller. Elisa und Zelda reinigen nachts .... 1 der US-Regierung. Hier werden streng geheime .... 2 Experimente durchgeführt. Also sind Elisa und Zelda zur .... 3 verpflichtet. Während sie mit ihren Transport- und .... 4 durch die Gänge fahren, geschehen seltsame Dinge. Als sie eines Nachts wieder .... 5 und den Boden von .... 6 befreien, sehen sie den Amphibienmann, von dem Elisa sofort fasziniert ist … Es folgt eine spektakuläre Rettungsaktion, verwoben in eine außergewöhnliche Liebesgeschichte. Der Film gewann 2018 vier Oscars.

Sally Hawkins und Octavia Leonara Spencer als Reinigungskräfte in „The Shape of Water – Das Flüstern des Wassers"

3 a Verbinden Sie die Synonyme.

1 Schädling | 2 aussetzen | 3 Einsatz | 4 Kammerjäger | 5 begutachten

A überprüfen | B Schädlingsbekämpfer | C Ungeziefer | D frei lassen | E (einzelner) Dienst

b **Was passt? Kreuzen Sie an.**

Tobias Witte kennt sich mit etwa 100 verschiedenen ○ Schädlingen ○ Bettwanzen[1] aus. Er tötet zum Beispiel Ratten, Käfer, Motten und ○ Wespen. ○ Bienen[2]. Mit 16 hat er seine Ausbildung zum ○ Desinfektor ○ Kammerjäger[3] – so hieß der Beruf des Schädlingsbekämpfers damals noch – angefangen. Heute hat er einen eigenen Betrieb mit 30 ○ Kolleg*innen. ○ Angestellten.[4] Letztes Jahr hatten sie mehr als 7300 ○ Kräfte. ○ Einsätze.[5] Er muss genau wissen, wie er die unterschiedlichen Schädlinge professionell ○ bereinigt. ○ bekämpft.[6] Oft muss er sich in Hotels um ○ Gäste ○ Bettwanzen[7] kümmern oder Supermärkte ○ begutachten. ○ putzen.[8] Privatpersonen rufen ihn oft wegen Motten, Läusen oder ○ Mäusen ○ Katzen[9] an. Er hat schon erlebt, wie große, muskulöse Männer wegen einer kleinen Maus auf die Couch springen. Wenn es geht, tötet Tobias Witte die Tiere nicht, sondern ○ setzt ○ bringt[10] sie draußen ○ aus. ○ um.[11]

4 **Listen Sie die Schädlinge aus 3b mit Artikel und Pluralform auf und sammeln Sie weitere.**

1 die Bettwanze, Bettwanzen
2 ....
3 ....
4 ....
5 ....
6 ....
7 ....

5 **Welche Tätigkeit finden Sie spannender, die Tatortreinigung oder die Schädlingsbekämpfung? Begründen Sie Ihre Meinung.**

Lernwortschatz

die/der Angestellte, Angestellte/die Angestellten ....
die Atemschutzmaske, -n ....
aufräumen, hat aufgeräumt ....
aussetzen, hat ausgesetzt ....
begutachten, hat begutachtet ....
bekämpfen, hat bekämpft ....
die Bettwanze, -n ....
die Blutspur, -en ....
der Einsatz, ¨-e ....
der Infektionsschutz (Sg.) ....
der Käfer, – ....
der Kammerjäger, – (veraltet) ....
die Körperflüssigkeit, -en ....
das Labor, -s/-e ....
die Laus, ¨-e ....
die Maus, ¨-e ....
die Motte, -n ....
der Müll (Sg.) ....
naturwissenschaftlich ....
die Ratte, -n ....
der Schädling, -e ....
sich spezialisieren, hat sich spezialisiert ....
der Tatortreiniger, – ....
der Transport- und Gerätewagen, – ....
das Ungeziefer (Sg.) ....
die Verschwiegenheit (Sg.) ....
die Wespe, -n ....

23 Schädlinge bekämpfen

1 a Was können Schädlinge auslösen? Kreuzen Sie die fünf korrekten Antworten an.

1 ○ Tierliebe der Hausbewohner
2 ○ Übertragung von Krankheiten
3 ○ Verunreinigung von Nahrungsmitteln
4 ○ Willkommene Abwechslung im Alltag
5 ○ Materialbeschädigung
6 ○ Gefährdung der Hygiene
7 ○ Ekel und Verschlechterung der Lebens- bzw. Wohnqualität

b Was ist für die Bekämpfung von Schädlingen erforderlich? Kreuzen Sie an.

1 ○ Mathematische Fachkenntnisse
2 ○ Biologisches Fachwissen
3 ○ Literarische Fachkenntnisse
4 ○ Fachwissen zum Umweltschutz
5 ○ Grammatische Fachkenntnisse
6 ○ Fachwissen zu Methoden der Dekontamination

2 Ergänzen Sie Begriffe aus 1.

1 Schädlinge können für die .... von Krankheiten verantwortlich sein. Viele empfinden ...., wenn sie die Tiere entdecken.
2 Um die richtige Methode für die Bekämpfung zu wählen, muss man wissen, wie sich Schädlinge entwickeln und verhalten. Man braucht ....
3 Zudem kontaminieren entweder Schädlinge oder Bekämpfungsmittel die Gebäude. Also muss man sich mit Methoden der .... auskennen.
4 Oft gehen Schädlinge an die Vorräte. Die Folge ist die .... von Nahrungsmitteln.
5 Motten und Speckkäfer ruinieren z. B. Wolltextilien. Schädlinge tragen also auch zur .... bei.

3 a Hören und verbinden Sie. Schreiben Sie die Nomen mit Artikel.

1 Köder	bekämpfung	....
2 Schlupf	befall	....
3 Bekämpfungs	box	....
4 Neu	ursache	....
5 Befalls	loch	....
6 Back	plan	....
7 Insekten	straße	....
8 Ameisen	pulver	....

b Ergänzen Sie die Begriffe aus a.

1 Zu Beginn eines Einsatzes muss der Schädlingsbekämpfer die Art des Schädlings ermitteln. Er muss wissen, in welchem .... sich der Schädling versteckt.
2 Sobald der Schädlingsbekämpfer alle Informationen hat, erstellt er einen ....
3 Eine Methode zur Bekämpfung ist z. B. das Aufstellen einer ....
4 Für die .... benutzt man manchmal Insektizide.

5 Nach der Durchführung der Bekämpfung gehört es zu den Aufgaben des Schädlingsbekämpfers, einen .... zu vermeiden.
6 Oft muss der Schädlingsbekämpfer Hygienemängel beseitigen. Das heißt, er muss auch die .... beseitigen.
7 Ein gutes altes Hausmittel gegen Ameisen ist zum Beispiel ....
8 Oft können Privatpersonen die Bildung von .... effizient allein bekämpfen. Bei Pharaoameisen ist das komplizierter.

4 Ergänzen Sie in der passenden Form.

abdichten | aufstellen | auslegen | Nebeln | schießen | spritzen | Sprühen | verdunsten | verstreuen

1 Schädlingsbekämpfer können eine Köderbox ....
2 In der Köderbox .... man z. B. Käse als Köder ....
3 Mit einer Gelpistole .... man Gel in die Schlupflöcher von Schaben.
4 Statt eines Gels kann man auch Flüssigkeiten in die Verstecke ....
5 Zudem gibt es wasserverdünnte Konzentrate zum ....
6 Es gibt auch Verfahren mit sehr feinen Tröpfchen, das ....
7 Um verschiedene Käfer zu bekämpfen, ... man auch Pulver.
8 Man kann auch Wirkstoffe auf Textilien auftragen. Diese ...., sodass fliegende Schädlinge sterben.
9 Damit Schädlinge keine Schlupflöcher mehr finden, sollte man möglichst viele Stellen ....

5 Hatten Sie schon einmal ein Problem mit Schädlingen, z. B. eine Ameisenstraße? Was haben Sie gemacht? Berichten Sie.

Lernwortschatz

abdichten, hat abgedichtet ....
die Ameisenstraße, -n ....
aufstellen, hat aufgestellt ....
auslegen, hat ausgelegt ....
das Backpulver, – ....
die Befallsursache, -n ....
der Bekämpfungsplan, ¨-e ....
die Dekontamination, -en ....
der Ekel (Sg.) ....
die Fachkenntnis, -se ....
das Fachwissen (Sg.) ....
die Insektenbekämpfung, -en ....
die Köderbox, -en ....
die Materialbeschädigung, -en ....
das Nahrungsmittel, – ....
nebeln, hat genebelt ....
der Neubefall (Sg.) ....
schießen, hat geschossen ....
das Schlupfloch, ¨-er ....
spritzen, hat gespritzt ....
sprühen, hat gesprüht ....
die Übertragung, -en (von Krankheiten) ....
der Umweltschutz (Sg.) ....
verdunsten, hat verdunstet ....
verstreuen, hat verstreut ....
die Verunreinigung, -en ....

24 Flöhe, Milben und Silberfischchen

1 **Beschriften Sie die Bilder.**

der Floh | die Pharaoameise | die Fliege | die Milbe | das Silberfischchen

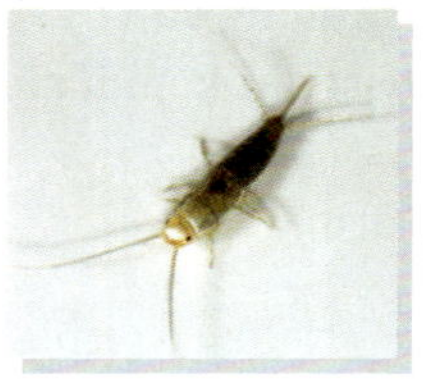

1 .... 2 .... 3 .... 4 .... 5 ....

2 **Hören Sie und ergänzen Sie anschließend.**

der Floh | die Wespe | gelborange Hygieneschädlinge | widerstandsfähige Eier | intelligente Schadnager (Rodentia) | das Silberfischchen | toxischer Speichel | die Fliege | gelber oder brauner Schmetterling | die Milbe (Acari)

Schädling	Details
	oft auf Katzen und Hühnern
die (deutsche) Schabe	
	haben einen Rüssel und fressen Kot
	Urinsekten in einem feuchten Milieu
die Ratte	
	lichtscheues Spinnentier
	von Juli bis September aktiv
die Motte	
die Bettwanze	
die Pharaoameise	

3 **Ergänzen Sie. (Hilfe finden Sie in Übung 2.)**

1 Milben haben acht Beine und sind damit ....
2 Milben meiden das Licht – sie sind ....
3 Fliegen und Elefanten sind sehr unterschiedlich. Aber beide haben einen ....
4 Fliegen fressen gerne ....
5 Silberfischchen werden den ..../flügellosen Insekten zugeordnet.

4 a **Verbinden Sie.**

1 Rodentizide
2 Insektizide
3 Akarizide
4 Biozide

A Milbenbekämpfungsmittel
B Schädlingsbekämpfungsmittel
C Schadnagerbekämpfungsmittel
D Insektenbekämpfungsmittel

b **Ergänzen Sie die Fachbegriffe aus a (linke Spalte).**

Bekämpfungsmittel, die gegen Schadnager, Milben und Insekten wirken, nennt man ....[1]. Sie wirken unterschiedlich: Nervengifte lähmen oder ersticken Insekten und Milben. Somit sind ....[2] und ....[3] oft Nervengifte. Mit Speck, welcher mit Antikoagulantien versetzt ist, kann man beispielsweise Ratten ködern. Wenn Schadnager diese ....[4] fressen, verbluten sie innerlich.

5 a **Verbinden Sie die Synonyme.**

1 lähmen	A nicht mehr atmen können und sterben
2 ersticken	B kaputt machen
3 ködern	C bewegungsunfähig machen
4 verbluten	D blockieren
5 hemmen	E durch Blutverlust sterben
6 zerstören	F mit Futter locken

b **Ergänzen Sie Wörter aus a (linke Spalte) in der passenden Form.**

Nervengifte in Insektiziden und Akariziden ....[1] das zentrale Nervensystem von Milben und Insekten. Nervengifte ....[2] die Tiere, sodass sie sich nicht mehr bewegen können. Oder die Tiere ....[3], weil sie nicht mehr atmen können. ATP-Synthesehemmer ....[4] den Energiestoffwechsel. Man wendet sie beispielsweise bei Schaben und Pharaoameisen an: Man ....[5] sie mit einem Produkt, welches die chemische Verbindung Sulfluramid enthält. Bei Ratten kommen zum Beispiel Antikoagulantien zum Einsatz. Sie lassen die Ratten innerlich ....[6].

6 **Gibt es Tiere, die Sie nicht bekämpfen wollen? Warum? Machen Sie Notizen.**

Lernwortschatz

das Akarizid, -e ....
das Biozid, -e ....
ersticken, hat/ist erstickt ....
die Fliege, -n ....
der Floh, ¨-e ....
hemmen, hat gehemmt ....
das Insektizid, -e ....
ködern, hat geködert ....
der Kot, -e (Plural selten) ....
lähmen, hat gelähmt ....
lichtscheu ....
die Milbe, -n (Acari) ....
die Pharaoameise, -n ....
das Rodentizid, -e ....
der Rüssel, – ....
der Schmetterling, -e ....
das Silberfischchen, – ....
das Spinnentier, -e ....
der Schadnager, – (Rodentia) ....
der Speichel (Sg.) ....
das Urinsekt, -en ....
verbluten, ist verblutet ....
zerstören, hat zerstört ....

25 Öffentliche Verkehrsmittel

1 **Beschriften Sie die Bilder.**

die Bahn | der Bahnhof und der Bahnsteig | das Flugzeug | das Kreuzfahrtschiff | der Omnibus

A .... B .... C .... D .... E ....

2 **Welcher Text passt zu welchem Bild in a? Notieren Sie die Buchstaben.**

1 ..... In diesem Verkehrsmittel reinigt man innen Sitzpolster, Fenster, Wände, Ablagen, Böden und Sanitärzellen. Hier kommen kleine Maschinen zum Einsatz oder es wird manuell gereinigt. Außen reinigt man die Wagen und die Lok mit einer speziellen Waschanlage.

2 ..... Bei diesem Verkehrsmittel ist die Optik sehr wichtig. Cafeterien, Bars, Kantinenbereiche, Flure, auch Kinos und Diskotheken muss man reinigen. Oft sind hier die Sanitäranlagen besonders verschmutzt. Manchmal reisen die Reinigungsfachkräfte auch mit. Die Reinigungszeiten sind unterschiedlich. Auch die Anlegehäfen müssen sauber sein.

3 ..... Die Reinigungen von Toiletten, Fenstern, Sitzen, Cockpits und Pantrys (= Servier- und Küchenbereich) muss man sehr oft nachts durchführen. Dafür braucht man häufig akkubetriebene Maschinen. Die Stoßzeiten sind in Ferienzeiten sowie an Sonn- und Feiertagen.

4 ..... Diesen Bereich reinigt man meistens abends oder nachts. Hier muss ein Gebäudereinigermeister anwesend sein, da es zahlreiche Sicherheitsvorschriften gibt. Man sammelt Abfälle, reinigt Papierkörbe, Rolltreppen, Aufzüge und Wandfliesen. Häufig muss man Kaugummis entfernen.

5 ..... Diese Fahrzeuge gibt es für den Nah- und Touristikverkehr. Für den Nahverkehr muss man z. B. Fahrerbereich, Sitzpolster, Fenster, Haltestangen- und schleifen reinigen. In der Winterzeit muss täglich eine Nassreinigung durchgeführt werden. Für die Außenreinigung gibt es spezielle Waschstraßen. Man muss auch für die Reinigung der Haltestellen sorgen.

3 **Finden Sie die Komposita aus 2 und schreiben Sie mit Artikel.**

1 Wasch	A stange	....
2 Halte	B fliese	....
3 Roll	C straße	....
4 Wasch	D treppe	....
5 Wand	E hafen	....
6 Anlege	F anlage	....

4 **Finden Sie die Komposita und schreiben Sie sie mit Artikel.**

bereich | Halte | polster | schleife | zeit | zelle

1 ..... Halte.....
2 ..... Sitz.....
3 ..... Kantinen.....
4 ..... Stoß.....
5 ..... Sanitär.....
6 ....stelle

5 Finden Sie die Wörter und ergänzen Sie. Hören Sie dann und kontrollieren Sie.

KROBLOKMUCHTWESMANUELLAVGEZOCOFUNTERIRDISCHGEFROQER
FREQUENTIERTZAMBORTERVEREINFACHTSELFTSENOBERIRDISCHETZTER
NENRUCKSACKSTAUBSAUGEROPWEXNGESTROMSPANNUNGAFÜATZLOG
EINZUBEZIEHENGANIIERTEMGÜTERILESUEN

1 Mit Verkehrsmitteln meint man alle Transportmittel für Menschen und .... Die Reinigungsarten sind unterschiedlich und auch ein wenig aufregend: Bei einem Flugzeug muss man zum Beispiel das Cockpit und bei einem Zug die .... reinigen.
2 Da es in Verkehrsmitteln oft nur wenig Platz gibt, setzt man einen .... ein. Das .... die Arbeit. Für größere Reinigungsmaschinen ist meistens kein Platz.
3 Vor allem in Flugzeugen hat man oft das Problem, dass die .... zu niedrig ist. Oft muss man dann einfach .... – also mit der Hand – reinigen.
4 Viele Verkehrsmittel sind so hoch ...., dass man viel zu tun hat. Außerdem hat man meist nur wenig Zeit. Man darf auch nicht vergessen, die Umgebung .... Das heißt, man muss auch alle Haltestellen säubern.
5 Bahnstationen können im Freien – also .... – oder im Tunnel – also .... – sein. Die Anfahrt zu allen Stationen ist natürlich zeitintensiv.

6 Welche Vor- und Nachteile sehen Sie bei der Arbeit als Gebäudereiniger/in von Verkehrsmitteln? Machen Sie Notizen.

Lernwortschatz

der Anlegehafen, ¨ ....
der Bahnsteig, -e ....
einbeziehen, hat einbezogen ....
frequentiert ....
das Gut, ¨er ....
die Halteschleife, -n ....
die Haltestelle, -n ....
die Haltestange, -n ....
der Kantinenbereich, -e ....
das Kreuzfahrtschiff, -e ....
die Lok, -s ....
manuell ....
oberirdisch ↔ unterirdisch ....
der Omnibus, -se ....
die Rolltreppe, -n ....
der Rucksackstaubsauger, – ....
die Sanitärzelle, -n ....
das Sitzpolster, – ....
die Stoßzeit, -en ....
die Stromspannung, -en ....
vereinfachen, hat vereinfacht ....
die Wandfliese, -n ....
die Waschanlage, -n ....
die Waschstraße, -n ....

26 Glas

1 a Welche drei Eigenschaften hat Glas? Kreuzen Sie an.

1 ○ lichtdurchlässig
2 ○ weich
3 ○ wasserlöslich
4 ○ kratzempfindlich
5 ○ toxisch
6 ○ zerbrechlich

b Welche verschiedenen Glasoberflächen gibt es? Kreuzen Sie die drei richtigen an.

1 ○ weiß oder schwarz
2 ○ polar oder unpolar
3 ○ durchsichtig oder undurchsichtig
4 ○ strukturiert oder glatt
5 ○ elastisch oder starr
6 ○ gefärbt oder nicht gefärbt

2 Ergänzen Sie Wörter aus 1. Hören Sie dann und kontrollieren Sie.

1 Es gibt verschiedene Glasarten. Das synthetische Acrylglas ist besonders ………………………… . Stahlwolle und harte Pads können es schnell beschädigen.
2 Echtes Antikglas ist handgefertigt. Man sieht Blasen und Schlieren. Die Oberfläche ist also ………………………… . Hier reinigt man mit dem Fensterleder und poliert.
3 Mattglas und Milchglas werden oft in Badezimmern oder bei Türen eingesetzt, weil sie ………………………… sind. Trotzdem soll es im Badezimmer hell sein. Milch- und Mattglas sind ideal, denn sie sind zusätzlich ………………………… .
4 Meist verwendet man Floatglas als Fensterglas. Es ist besonders glatt. Es kann beispielsweise undurchsichtig, …………………………, gefärbt oder farblos sein.
5 Bei Kathedralglas handelt es sich um ein dekoratives, ………………………… Glas, welches man in Kirchen und auch in Treppenhäusern findet.
6 Alle Glasarten können kaputtgehen. Sie sind alle ………………………… .

3 Lösen Sie das Rätsel und finden Sie das Lösungswort.

1 Die meisten Fenster bestehen aus ☐☐☐☐☐☐☐☐☐ .
2 Wenn man durch ☐☐☐☐☐☐☐☐☐ sieht, kann man nichts erkennen.
3 Mit ☐☐☐☐☐☐☐☐☐☐ kann man Glas leicht durch Zerkratzen beschädigen.
4 Das synthetische ☐☐☐☐☐☐☐☐☐ sollte man besonders vorsichtig reinigen, damit keine Kratzstellen zurückbleiben.
5 ☐☐☐☐☐☐☐☐☐ wird mit der Hand hergestellt. Man sollte es regelmäßig polieren.
6 ☐☐☐☐☐☐☐☐☐☐☐☐☐ wird auch Zierglas genannt, weil es dekorativ ist.
7 Dekoratives Glas ist handgefertigt, sodass man Blasen und ☐☐☐☐☐☐☐☐☐ sieht.

Lösungswort: ☐☐☐☐☐☐☐ heißt die Methode für die Herstellung von Floatglas.

4 Verbinden Sie.

1 Damit reinigt man Fenster.
2 Es hat den gleichen Effekt wie Milchglas.
3 Es ist dekorativ und repräsentativ.
4 Das passiert, wenn man Glas mit harten Pads oder Stahlwolle reinigt.

A Zierglas
B Fensterleder
C zerkratzen
D Mattglas

5 Ergänzen Sie in der passenden Form.

Blase | Floaten | handgemacht | Poliertuch | zerbrechen

1 Um etwas zum Glänzen zu bringen, kann man ein .... verwenden.
2 Bei manuell gefertigtem, also .... Glas sieht man ....
3 Glas ist empfindlich gegen Gewalteinwirkungen, es .... leicht.
4 .... ist ein Prozess zur industriellen Herstellung von Glas.

6 Beschriften Sie die Bilder mit Wörtern aus 4 und 5.

1 das ....

2 ....

3 ....

4 die ....

5 das ....

6 ....

7 das ....

8 das ....

7 Welche Eigenschaften muss man bei der Reinigung verschiedener Glasarten berücksichtigen? Machen Sie Notizen.

Lernwortschatz

das Acrylglas, ¨-er ....
das Antikglas, ¨-er ....
die Blase, -n ....
durchsichtig ↔ undurchsichtig ....
das Fensterleder (Sg.) ....
floaten, hat gefloatet ....
das Floatglas, ¨-er ....
gefärbt ....
handgefertigt = handgemacht ....
das Kathedralglas, ¨-er = das Zierglas, ¨-er ....
kratzempfindlich ....
lichtdurchlässig ....
das Mattglas, ¨-er ....
das Milchglas, ¨-er ....
das Poliertuch, ¨-er ....
die Schliere, -n ....
die Stahlwolle (Sg.) ....
strukturiert ....
zerbrechlich ....
zerbrechen, hat zerbrochen ....
zerkratzen, hat zerkratzt ....

27 Kliniken, Praxen und Pflegeheime

1 a Verbinden Sie die Definition, das passende Wort und das Bild.

1 Hier untersucht der Arzt.
2 Hier liegt man als Patient mehrere Tage oder Wochen.
3 Hier leben pflegebedürftige Menschen.
4 Oberbegriff für Arztpraxen, Krankenhäuser, Kliniken, Senioren- und Pflegeheime.

A Gesundheitseinrichtungen
B das Pflege-/Seniorenheim
C die Arztpraxis
D die Klinik / das Krankenhaus

a 
b 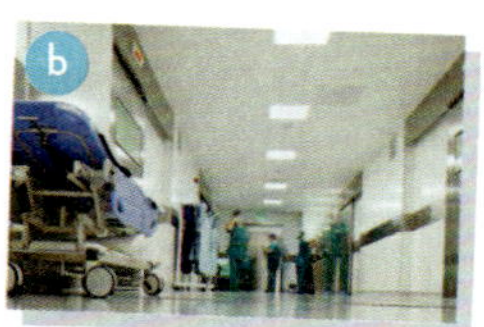
c 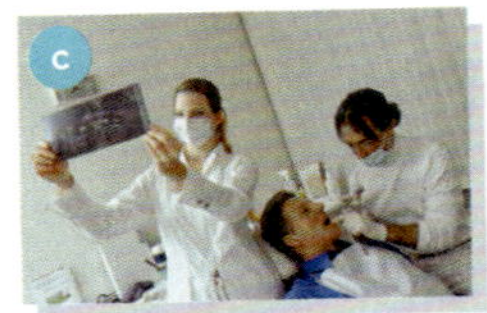
d 

b Ergänzen Sie Wörter aus a in der passenden Form.

In allen ....[1] hat die Gesundheit der Menschen oberste Priorität. Deshalb spielt die Hygiene hier eine große Rolle. In ....[2] leben oft sehr alte Menschen mit einem schwachen Immunsystem. In Wartezimmern von ....[3] sitzen Patienten mit unterschiedlichen Krankheiten, sodass sich verschiedene Krankheitserreger schnell ausbreiten können. In Krankenhäusern und ....[4] liegen ebenfalls kranke und geschwächte Patienten. Die Gefahr einer nosokomialen Infektion* ist damit groß und muss durch sorgsame Hygiene minimiert werden.

* Nosokomiale Infektion: Patienten, Besucher oder das Personal infizieren sich mit einem Krankheitserreger aus der Klinik.

2 Ergänzen Sie. Hören Sie dann und kontrollieren Sie.

Hygienebeauftragte | hygienebeauftragte | Hygienefachkraft | Hygieneplan | Hygieneteam | Krankenhaushygienikerin

1 Gebäudereiniger müssen mit dem gesamten .... im Krankenhaus konstruktiv zusammenarbeiten.
2 Die Leitung des Teams hat die ....
3 Sie kennt sich mit der Infektionsprävention sehr gut aus und erstellt deshalb den ....
4 Zum Hygieneteam zählen auch eine .... Ärztin und die .... in der Pflege.
5 Außerdem gehört noch eine .... dazu, welche die Hygienemaßnahmen kontrolliert und dokumentiert.

3 a Wodurch breiten sich Krankheiten aus? Kreuzen Sie vier Ursachen an.

1 ○ gutes Immunsystem
2 ○ hohe Keimkonzentration
3 ○ Beachtung der Richtlinie für Krankenhaushygiene und Infektionsprävention
4 ○ kontaminierte Reinigungsmittellösung
5 ○ Keimübertragung durch Wäschereien
6 ○ Nichtbeachtung des IfSG (= Infektionsschutzgesetz)

b Ergänzen Sie Begriffe aus a. Hören Sie dann und kontrollieren Sie.

Um die hohe ________________[1] zu reduzieren, wurde vom Robert-Koch-Institut (RKI) die ________________
________________[2] aufgestellt. Beispielsweise dürfen nur Desinfektionsmittel benutzt werden, welche vom RKI zugelassen sind. Außerdem muss man darauf achten, benutzte Tücher nicht erneut in die ________________[3] einzutauchen. Da viele Patienten ein geschwächtes ________________[4] haben, ist die Ansteckungsgefahr hoch. Also müssen Desinfektionsmaßnahmen getroffen werden, die dem ________________
________[5] entsprechen. So ist die chemische Reinigung von Reinigungstextilien in ________________[6] nötig. Oberflächen und Böden dürfen nicht nachgetrocknet werden.

4 Ergänzen Sie in der passenden Form.

Hygieneplan | Infektionsprävention | Reinigungsmittellösung

1 Es müssen ________________ erstellt werden, die die notwendigen Reinigungs- und Desinfektionsmaßnahmen festlegen.
2 In Kliniken müssen in den meisten Bereichen besondere Maßnahmen zur ________________ durchgeführt werden.
3 Der Einsatz von ________________ reicht in diesen Bereichen nicht aus. Hier sind Desinfektionsmaßnahmen notwendig.

5 Welche Reinigungsmethoden ergeben sich aus den Gefahren der Krankheitsübertragung in Gesundheitseinrichtungen? Machen Sie Notizen.

Lernwortschatz

die Arztpraxis, die -praxen ________________
die Gesundheitseinrichtung, -en ________________
hygienebeauftragt ________________
der / die Hygienebeauftragte, Hygienebeauftragte / die Hygienebeauftragten ________________
die Hygienefachkraft, ¨-e ________________
der Hygieneplan, ¨-e ________________
das Hygieneteam, -s ________________
das Immunsystem, -e ________________
die Infektion, -en ________________
das Infektionsschutzgesetz (IfSG) ________________
die Infektionsprävention, -en ________________
die Keimkonzentration, -en ________________

die Klinik, -en ________________
der Krankenhaushygieniker, – / die Krankenhaushygienikerin, -nen ________________
die Mikrobiologie (Sg.) ________________
nosokomial ________________
das Pflegeheim, -e ________________
die Richtlinie, -n ________________
Richtlinien (Pl.) für Krankenhaushygiene und Infektionsprävention ________________
die Reinigungsmittellösung, -en ________________
das Seniorenheim, -e ________________
die Wäscherei, -en ________________

28 Sanitäre Anlagen

1 **Verbinden Sie.**

1 2 3 4 5 6

A WC-Brille
B Trennwände
C Fliesen
D Waschraum
E Umkleideraum
F Bank

2 a **Was versteht man unter Sanitärräumen? Kreuzen Sie fünf an.**

1 ○ Flure
2 ○ Bäder
3 ○ Wohnzimmer
4 ○ Umkleideräume
5 ○ Waschräume
6 ○ WCs / Toiletten
7 ○ Terrassen
8 ○ Duschen
9 ○ Schlafzimmer

b **Was gehört zur Ausstattung von Sanitärräumen? Kreuzen Sie sieben an.**

1 ○ Trennwände
2 ○ Sofa
3 ○ Fliesen auf Wänden und Böden
4 ○ Schränke
5 ○ Urinale und WC mit WC-Brille
6 ○ Sitzpolster
7 ○ Waschbecken
8 ○ Halteschleifen
9 ○ Armaturen
10 ○ Bänke

3 a **Ergänzen Sie Wörter aus 2. Hören Sie dann und kontrollieren Sie.**

Öffentliche ....[1] sind oft stark besucht. Da viele Oberflächen einem direkten Hautkontakt ausgesetzt sind, besteht ein hohes Infektionsrisiko. Die ....[2] auf den Toiletten und die ....[3] auf den Wänden und Böden in unmittelbarer Nähe müssen deswegen täglich besonders sorgfältig gereinigt werden. Manchmal sind Sanitärzellen sehr eng, sodass man die ....[4] keinesfalls vergessen darf. Zum Sanitärbereich zählen auch ....[5] in Fitnessstudios oder Schwimmbädern. Hier befinden sich ....[6], in welche die Gäste ihre Straßenkleidung eingeschlossen haben, und ....[7], auf die sich die Gäste setzen. Hier muss also ebenfalls penibel gereinigt werden. Den Fußboden im Barfußbereich der ....[8] soll man gründlich und desinfizierend reinigen.

b **Welche Synonyme von „exakt / genau“ finden Sie im Text a? Schreiben Sie. Kennen Sie noch weitere?**

1 .... 2 .... 3 ....

4 a **Markieren Sie die fünf mineralischen Verschmutzungen.**

1 Urinstein
2 Braunstein
3 Lack
4 Mehlstaub
5 Ausblühungen
6 Rostablagerungen
7 Urin
8 Kalkrückstände
9 Blut

b **Markieren Sie die sieben organischen Verschmutzungen.**

1 Hautfett
2 Blut
3 Umweltverschmutzung
4 Mikroorganismen
5 Urin
6 Irisierungen
7 Stuhl
8 Cremerückstände
9 Rohrverstopfungen

5 **Ergänzen Sie. Hören Sie dann und kontrollieren Sie.**

Bemalungen | Braunstein | Cremerückständen | Hautfett | Kalkrückständen | Rohrverstopfung | Rostablagerungen | Stuhl und Urin

Mikroorganismen fühlen sich in warmen und feuchten Gebieten sehr wohl. Sie ernähren sich gerne von menschlichen Ausscheidungen wie Blut, ...[1] oder auch von fettigen Substanzen wie dem ....[2] von Menschen oder ....[3]. Sanitärbereiche sind für sie also das Paradies. Derartige Verschmutzungen müssen mit roten Reinigungstextilien und saurem Sanitärunterhaltsreiniger beseitigt werden. Für die Entfernung von speziellen Verunreinigungen wie Urin- und ....[4] oder ....[5] auf Eisen- oder Stahlgegenständen und ....[6] in Becken benötigt man aggressive Reinigungsmittel. Dabei muss man aufpassen, dass man die Oberflächen nicht beschädigt. Anschließend müssen die ....[7] an Wänden entfernt werden. Es bleibt nur zu hoffen, dass man keine ....[8] vorfindet. Denn auch darum muss man sich als Gebäudereiniger kümmern.

6 **Welche Verschmutzungen sind in Sanitärbereichen wo genau vorzufinden? Machen Sie Notizen.**

Lernwortschatz

das Bad, ¨-er ....
die Bank, ¨-e ....
die Bemalung, -en ....
das Blut (Sg.) ....
der Braunstein (Sg.) ....
Cremerückstände (Pl.) ....
die Fliese, -n ....
gründlich/penibel/sorgfältig ....
....
das Hautfett (Sg.) ....
Kalkrückstände (Pl.) ....
die Rohrverstopfung, -en ....
die Rostablagerung, -en ....
der Schrank, ¨-e ....
der Stuhl (hier nur Sg.) ....
die Trennwand, ¨-e ....
der Umkleideraum, ¨-e ....
der Urin (Sg.) ....
die Waschküche, -n ....
der Waschraum, ¨-e ....
das WC, -s (engl. watercloset) ....
die WC-Brille, -n ....

29 Sanitärreinigung

1 **Beschriften Sie die Bilder.**

abschrauben | der Hochdruckreiniger | lüften | einatmen | der Nasssauger | die Saugglocke | der Siphon | umweltschonend

1 ....
2 ....
3 ....
4 ....

5 ....
6 ....
7 ....
8 ....

2 a **Welche Produkte werden in der Sanitärreinigung eingesetzt? Kreuzen Sie drei an.**

1 ○ der Graffitientferner
2 ○ das Bohnerwachs
3 ○ die Möbelpolitur
4 ○ der Abflussreiniger
5 ○ das Desodorierungs-mittel

b **Wie können Produkte der Sanitärreinigung sein? Kreuzen Sie drei Eigenschaften an.**

1 ○ undurchsichtig
2 ○ kalklösend
3 ○ pulverförmig
4 ○ strukturiert
5 ○ flüssig

3 **Ergänzen Sie.**

carbonathaltig | Flüssige | Pulverförmige | WC-Reiniger

1 Um Toiletten zu säubern, benötigt man ....[a]. ....[b] WC-Reiniger sind meist ....[c]. Weitere Bestandteile sind Säuren und Duftstoffe. ....[d] WC-Reiniger belasten die Umwelt weniger als pulverförmige.

kalklösend | Methansulfonsäure | Phosphor- | Verdickungsmittel

2 Sanitärreiniger müssen Kalkseifen und Kalkrückstände beseitigen. Sie sind also ....[a]. Damit sie an den Wänden länger haften und einwirken, enthalten sie ....[b]. Außerdem bestehen sie aus Säuren, beispielsweise aus ....[c] und ....[d].

abbaubar | Chlorgas | einatmet | umweltschonend

3 Saure und chlorhaltige Reiniger darf man nicht gleichzeitig benutzen, sonst entsteht giftiges ....[a], das zu lebensgefährlichen Lungenschäden führen kann, wenn man es ....[b]. Organische Säuren wie Zitronen-, Milch- oder Methansulfonsäure sind biologisch ....[c] und somit ....[d].

4 Hören und ergänzen Sie.

1 Zu den aggressivsten Reinigern zählt .... oder Rohrreiniger. Umweltfreundliche und ungefährliche Alternativen sind Hochdruckreiniger, Nasssauger oder .... Man kann auch den Siphon .... und reinigen.
2 Es gibt Mittel, die unangenehme Gerüche überdecken oder sogar zerstören. Man bezeichnet sie als .... Diese sollte man nur in Räumen benutzen, in denen man nicht .... kann. In der Regel bekämpft man die Ursache.

5 a Was passt nicht? Streichen Sie durch.

1 **umweltschonend:** Zitronensäure – Methansulfonsäure – Milchsäure – Phosphorsäure
2 **umweltbelastend:** Carbonat – Wasserstoffperoxid – Saugglocken – Abflussreiniger
3 **organische Säuren:** biologisch abbaubar – basisch – umweltfreundlich – umweltschonend
4 **Desodorierungsmittel:** lüften – überdecken – zerstören – beseitigen

b Lösen Sie das Rätsel und finden Sie das Lösungswort.

1 Es gibt Desodorierungsmittel, die Gerüche nicht zerstören, sondern nur
☐☐☐☐☐☐☐☐☐☐ .
2 Mit Nasssaugern reinigt man Rohre auf ☐☐☐☐☐☐☐☐☐☐☐☐☐☐☐ Weise.
3 Manchmal ist das Rohr oder der ☐☐☐☐☐☐☐ verstopft.
4 ☐☐☐ ist zwar nicht so umweltschonend, aber es kann Dinge aufhellen und desinfizieren. Man braucht es auch für die Reinigung von Mineralbädern.
5 Wenn es geht, sollte man Produkte benutzen, die sich in der Natur schnell zersetzen, also biologisch ☐☐☐☐☐☐☐☐ sind.

Lösungswort: ☐☐☐☐☐

6 Welche Produkte für die Sanitärreinigung kennen Sie? Beschreiben Sie sie.

Lernwortschatz

der Abfluss, ¨-e ....
der Abflussreiniger, – = der Rohrreiniger, – ....
abschrauben, hat abgeschraubt ....
biologisch abbaubar ....
carbonathaltig ....
das Chlorgas, -e ....
das Desodorierungsmittel, – ....
einatmen, hat eingeatmet ....
flüssig ....
der Hochdruckreiniger, – ....
kalklösend ....
lüften, hat gelüftet ....
die Methansulfonsäure, -n ....
der Nasssauger, – ....
die Phosphorsäure, -n ....
pulverförmig ....
die Saugglocke, -n ....
der Siphon, -s ....
überdecken, hat überdeckt ....
umweltfreundlich ....
umweltschonend ....
das Verdickungsmittel, – ....
das Wasserstoffperoxid (Sg.) ....
der WC-Reiniger, – ....

30 Wahrzeichen

1 Der Eiffelturm – Finden Sie sechs Wörter und ergänzen Sie.

GNUTMETALLREINIGUNGSMITTELKUNZWTFARB
SPRENKELÖSCITSMÜLLTÜTENCFYPSARLDOSENÜNT
RAKLISTONNENÄNTERONBKBEKLECKERTLÖÖPLECG

Der Eiffelturm ist das Wahrzeichen von Paris und die meist besuchte Attraktion der Welt. Deshalb muss man ihn natürlich hegen und pflegen. Etwa alle sieben Jahre wird der Eiffelturm gestrichen. Aber was, wenn die Arbeiter Farbtropfen fallen lassen? Ein paar ....[1] bekommen Touristen leider immer mal ab. Leute, die mit Farbe ....[2] wurden, können sich unten am Eiffelturm professionell säubern lassen.* Um den Eiffelturm insgesamt sauber zu halten, werden jedes Jahr vier ....[3] Putztücher, 25.000 ....[4] und 10.000 ....[5] Pflegemittel und etwa 400 Liter ....[6] verbraucht.

* So erging es auch Lotte und Karl, als sie sich gerade unter dem Eiffelturm küssten. Sie lachten, als sie die Farbkleckse bemerkten. Eine professionelle Säuberung war ihnen in diesem Fall ausnahmsweise nicht wichtig.

2 Das Brandenburger Tor – Ergänzen Sie.

Chemikalien | Druck | Flachstrahlverfahren | Laserstrahlverfahren | Oberfläche | Staubanteil | Temperatur

Die Luft, genauer der Stickoxid- und ....[1], ist überall ein wesentlicher Grund für die Verschmutzung von Gebäuden. 1990 wurde das Brandenburger Tor, das Symbol der deutschen Wiedervereinigung, mithilfe von Wasser gereinigt, im ....[2] mit 50 bar ....[3] und bei einer ....[4] von 90 °C. Auf ....[5] verzichtete man. Das brachte aber nur einen oberflächlichen Erfolg. Deshalb entwickelte man ein neues ....[6], das störende Partikel absprengt und Flecken beseitigt, ohne die ....[7] zu zerstören. Das Tor hat nun wieder seine originale Sandsteinfarbe.

3 a Verbinden Sie.

1 Durch	A frei
2 fach	B führung
3 schwindel	C ment
4 Vor	D front
5 zu	E wascher
6 Equip	F gerecht
7 Ein	G ständig
8 Glas	H sprung

b **Der Burj Khalifa – Schreiben Sie die Wörter richtig.**

Der höchste Wolkenkratzer steht in Dubai und heißt Burj Khalifa. Er ist 828 Meter hoch. Das hübsche Aussehen der Fassaden kann nur erhalten bleiben, wenn man sie regelmäßig und ____________ [1] [rechtgefach] reinigt. So muss man 160 ____________ [2] [kewerStock] mit 24 830 Fenstern sauber halten und polieren. Die Außenfassaden sind abwechslungsreich: sie haben ____________ [3] [gesprünVor], Unterbrechungen und geneigte Flächen. Eine australische Firma hat für die wirtschaftliche und sichere ____________ [4] [rungfühDurch] der Fassadenreinigung ein besonderes ____________ [5] [mentEquip] konzipiert. Das hat über drei Millionen Euro gekostet. Gereinigt wird auf die herkömmliche Art: per Hand mit ____________ [6] [scherwaEin] und ____________ [7] [erziehAb]. Um die 120 000 Quadratmeter ____________ [8] [frontGlas] des Gebäudes zu reinigen, braucht man drei Monate. Bei diesem tollen Ausblick über Dubai macht das wahrscheinlich besonders großen Spaß – vorausgesetzt man ist ____________ [9] [freidelschwin]. Für die Innenreinigung sind übrigens 200 Mitarbeiter einer deutschen Reinigungsfirma ____________ [10] [stänzudig].

4 **Welches Wahrzeichen würden Sie gerne einmal reinigen und warum? Mit welchen Herausforderungen könnte die Reinigung verbunden sein? Machen Sie Notizen.**

Lernwortschatz

der Abzieher, – ____________
bekleckern, hat bekleckert ____________
die Chemikalie, -n ____________
die Durchführung, -en ____________
der Druck (Sg.) ____________
der Einwascher, – ____________
das Equipment, -s ____________
fachgerecht ____________
der Farbsprenkel, – ____________
das Flachstrahlverfahren, – ____________
die Glasfront, -en ____________
das Laserstrahlverfahren, – ____________
das Metallreinigungsmittel, – ____________
die Mülltüte, -n ____________
die Oberfläche, -n ____________
das Pflegemittel, – ____________
schwindelfrei ____________
der Staubanteil, -e ____________
die Temperatur, -en ____________
die Tonne, -n ____________
der Vorsprung, ¨-e ____________
zuständig ____________

Wörterverzeichnis

Die Zahl gibt die Nummer des Wortfelds an.

E

F

G

H

I

U

V

W

Z

Quellenverzeichnis

Cover: © Getty Images/E+/andresr

S. 5: Illustration Karteisystem © Hueber Verlag/Thomas Stark; Foto © KateLeigh - adobe.stock.com

S. 6: © lucastor - stock.adobe.com

S. 7: © mauritius images/Cultura/Zero Creatives

S. 8: Ü1 von oben: © GettyImages/E+/PeopleImages; © Thinkstock/iStock/AndreyPopov; © Thinkstock/iStock/KatarzynaBialasiewicz

S. 9: 1 © Thinkstock/iStock/SimonLukas; 2 © Thinkstock/iStock/Garsya; 3 © Getty-Images/DigitalVisionVectors/Adyna; 4 © Thinkstock/iStock/phongphan5922

S. 10: © KateLeigh - adobe.stock.com

S. 11: Ü4 alle © Thinkstock/iStock/Ecelop; Ü6 © Thinkstock/iStock/zorandimzr

S. 12: © Thinkstock/MonkeyBusiness/MonkeyBusinessImages/Stockbroker

S. 13: © Thinkstock/iStock/levkr

S. 14: 1 © Joserpizarro - adobe.stock.com; 2 © Thinkstock/iStock/roman023; 3 © Thinkstock/iStock/aquatarkus; 4 © Thinkstock/Photodisc; 5 © Thinkstock/iStock/tahkani; 6 © Thinkstock/iStock/IK75; 7 © Thinkstock/iStock/Ratchat

S. 15: © Thinkstock/iStock/sergeyryzhov

S. 16: 1, 2, 5 © Thinkstock/iStock/Andrey-Popov; 3 © Thinkstock/iStock/welcomia; 4 © Thinkstock/iStock/vladans; 6 © Thinkstock/iStock/kadmy; 7 © Thinkstock/iStock/BlackPixel

S. 17: © Thinkstock/iStock/BathuanToker

S. 18: Ü1b: 1 © Thinkstock/iStock/Manuel-FabaOrtega; 2 © GettyImages/iStock/loveguli; 3 © animaflora - stock.adobe.com; 4 © belamy - stock.adobe.com; Ü2b: 1 © Thinkstock/iStock/jes2ufoto; 2 © Comofoto - stock.adobe.com; 3 © smuay - stock.adobe.com; 4 © Thinkstock/iStock/GMStudio

S. 19: © Thinkstock/iStock/CraigWWalker

S. 20: 1 © GD schaarschmidt - stock.adobe.com; 2 © Thinkstock/iStock/JustinSmith; 3 © Thinkstock/iStock/liveslow; 4 © Thinkstock/iStock/Coprid; 5 © Phi&Lo - stock.adobe.com

S. 21: © Thinkstock/iStock/KatarzynaBialasiewicz

S. 22: Ü1 © iStockphoto/ThomasVogel; Ü2b © Thinkstock/iStock/Coprid

S. 23: © Thinkstock/iStock/andhal

S. 24: Ü1a © Thinkstock/iStock/MrKorn-Flakes; Ü2: 1 © PantherMedia/jcbprod; 2 © Thinkstock/iStock/Mathisa_s; 3 © MEV/Creativstudio; 4, 6 © MEV; 5 © Thinkstock/iStock/AlexLMX

S. 25: © Thinkstock/iStock/AndrianoCZ

S. 26: 1 © Thinkstock/iStock/AndreyPopov; 2 © Thinkstock/iStock/kunertus; 3 © Thinkstock/iStock/sandr2002; 4 © Thinkstock/iStock/VitaliyPestov

S. 27: © Thinkstock/iStock/KatarzynaBialasiewicz

S. 28: © Thinkstock/iStock/urfinguss

S. 29: © Thinkstock/SodapixSodapix

S. 30: 1 © Thinkstock/Wavebreakmedia/WavebreakmediaLtd; 2 © Thinkstock/BillDiodato/Fuse; 3 © Thinkstock/iStock/ThanetKhamkhlai; 4 © Thinkstock/iStock/urfinguss; 5 © Thinkstock/iStock/Godruma

S. 31: © Thinkstock/iStock/photoworld

S. 32: Ü1a © Thinkstock/TongRoImages/TongRoImagesInc; Ü1b alle Hände © Thinkstock/iStock/lemonadeserenade

S. 33: © fotolia/Melinda Armbruester-Seybert

S. 34: von oben: © Thinkstock/iStock/PassionStudio; © Thinkstock/iStock/sinology; © Thinkstock/iStock/PhanuwatNandee; © Thinkstock/iStock/Baloncici; © Thinkstock/iStock/Andrey-Popov; © Kärcher

S. 35: © Thinkstock/iStock/felinda

S. 36: 1 © Thinkstock/iStock/zhudifeng; 2 © Thinkstock/iStock/Bruskov; 3 © Think-stock/iStock/ConstantinosZ; 4 © Think-stock/iStock/meta2011; 5 © Thinkstock/Purestock; 6 © Thinkstock/iStock/Gluiki; 7 © Thinkstock/iStock/trekandshoot

S. 37: Messrad © Thinkstock/iStock/Prill; Lasermessgerät © Thinkstock/iStock/Weeraa; Gliedermaßstab © Thinkstock/iStock/goir

S. 38: von oben: ©Thinkstock/iStock/MicrovOne; © Thinkstock/iStock/pisittar; © Thinkstock/iStock/design56; © Thinkstock/iStock/PicLeidenschaft; © Thinkstock/iStock/AlexStepanov; © Thinkstock/iStock/dianazh; © Thinkstock/iStock/AnastasiiaM; © Thinkstock/iStock/urfinguss

S. 39: © Thinkstock/iStock/Jevtic

S. 40: 1 © Thinkstock/iStock/audriusmer-feldas; 2 © Thinkstock/iStock/sarahdoow; 3 © Thinkstock/iStock/pioneer111; 4 © Thinkstock/iStock/Yasonya; 5 © Thinkstock/iStock/John_Kasawa

S. 41: Wohnzimmer © Thinkstock/iStock/MihalisA; Zaun © Thinkstock/iStock/hanohiki; Flur © Thinkstock/iStock/piovesempre

S. 42: 1 ©Thinkstock/iStock/MilosCirkovic; 2 © PantherMedia/jonnysek; 3 ©Thinkstock/iStock/AlexandrBognat

S. 43: 4 © Thinkstock/iStock/Jirsak; 5 ©Thinkstock/iStock/hanohiki; 6 © Thinkstock/iStock/KseniyaMilner

S. 44: © Thinkstock/iStock/BenSchonewille

S. 45: oben © Thinkstock/iStock/knoppper; unten © Thinkstock/iStock/illustratedFritz

S. 46: 1 © eermedia – stock.adobe.com; 2 © Thinkstock/iStock/Sussenn; 3 © Thinkstock/SteveGorton; 4 © Petair - stock.adobe.com; 5 © Thinkstock/iStock/roman023; 6 © Thinkstock/iStock/majorosl; 7 © Thinkstock/iStock/pixelpup

S. 47: © Thinkstock/iStock/Kittikorn

S. 48: Ü2a © INTERFOTO/Moore; Ü2b © action press

S. 49: © Thinkstock/iStock/Mijau

S. 50: © taborsky - stock.adobe.com

S. 51: oben © Thinkstock/iStock/MouseSonya; unten © Thinkstock/iStock/yokeetod

S. 52: 1 © Thinkstock/iStock/Risto0; 2 © Thinkstock/iStock/AnnopYoungrot; 3 © Thinkstock/iStock/avstrailavasin; 4 © schankz - stock.adobe.com; 5 © Thinkstock/iStock/selvanegra

S. 53: © Thinkstock/iStock/DZM

S. 54: A © Thinkstock/Stockbyte/Stockbyte; B © GettyImages/E+/spooh; C © Think-stock/iStock/coco194; D © fotolia/Petair; E © Thinkstock/iStock/Tholer

S. 55: © Thinkstock/iStock/ymgerman

S. 56: © Thinkstock/iStock/dominiquelandau

S. 57: 1 © Thinkstock/iStock/Alvinge; 2 © antonel - stock.adobe.com; 3 © Thinkstock/iStock/mj0007; 4 © Thinkstock/iStock/LVV; 5 © Thinkstock/iStock/ChetW; 6 © Thinkstock/iStock/ramonailumuscom; 7 © Thinkstock/iStock/mm88; 8 © Thinkstock/iStock/beest

S. 58: a © Thinkstock/iStock/KatarzynaBialasiewicz; b © Thinkstock/iStock/VILevi; c © MEV/Witschel Mike; d © Thinkstock/iStock/vladru

S. 59: © Thinkstock/iStock/LSOphoto

S. 60: 1 © Thinkstock/iStock/onairda; 2 © Thinkstock/iStock/AndreyPopov; 3 © Thinkstock/iStock/huseyin onur cicekci; 4 © Thinkstock/iStock/fotocelia; 5 © Thinkstock/iStock/31moonlight31; 6 © Thinkstock/iStock/Kwangmooza

S. 61: © Thinkstock/iStock/IrKiev

S. 62: 1 © Thinkstock/iStock/icefront; 2 © Thinkstock/iStock/Siphon; 3 © Thinkstock/iStock/AleksandrKendenkov; 4 © Thinkstock/iStock/yunava1; 5 © Thinkstock/iStock/terra24; 6 © Thinkstock/iStock/monkeybusinessimages; 7 © Thinkstock/iStock/artsholic; 8 © Thinkstock/iStock/ManAsThep

S. 63: © wirepec - stock.adobe.com

S. 64: Ü1 © Thinkstock/iStock/anmalkov; Ü2 © Thinkstock/iStock/Andrey Popov

S. 65: © Thinkstock/iStock/DrewRawcliffe

Bildredaktion: Nina Metzger, Hueber Verlag, München

Audios

Sprecherinnen und Sprecher: Stefanie Dischinger, Henk Flemming, Peter Frerich, Anke Kortemeier

Aufnahmen und Postproduktion: Tonstudio Langer, Neufahrn bei Freising

Weitere Titel

Im Beruf NEU, Fachwortschatztrainer Pflege
ISBN 978-3-19-321190-3

Im Beruf NEU, Fachwortschatztrainer Küche und Restaurant
ISBN 978-3-19-351190-4

Im Beruf NEU, Fachwortschatztrainer Erziehung
ISBN 978-3-19-361190-1

Im Beruf NEU, Fachwortschatztrainer Technik
ISBN 978-3-19-311190-6